Giuseppe Caravaggi

Una notte d'ottobre

Romanzo

Giuseppe Caravaggi
Una notte d'ottobre
ISBN 978-88-98993-23-9
Angolazioni Editore
Via Cicognini, 22 - 25034 Orzinuovi (BS)
Sede operativa:
Via Cicognini, 24 - 25034 Orzinuovi (BS)
www.angolazioni.it - libri@angolazioni.it
©2016 Angolazioni
Tutti i diritti riservati - All rights reserved

Immagine di copertina: ©Angolazioni
Elaborazione grafica: ©Angolazioni

Ogni riferimento a fatti, luoghi o persone, è puramente casuale.

NOTE DELL'AUTORE

Ho scritto questo libro per rendere omaggio al mio passato, a qualche persona che mi è sempre stata legata e che fa parte dell'intimo dei miei ricordi, al mio paese e alla vita di provincia.

Sono affezionato alle nostre abitudini, ai nostri modi di essere e alla nostra mentalità, alle nostre storie.

Sono affascinato dall'amore e da ciò che può nascere e crescere dalle storie d'amore.

Sono un innamorato della vita e della forza degli eventi. Penso che vadano tutti vissuti con autentica sincerità.

Il resto viene da sé.

Questo è il mio credo, è quello che voglio trasmettere ai miei figli, come padre, e ai tutti gli altri miei ragazzi, come mister.

Beppe Caravaggi.

UNA NOTTE D'OTTOBRE

Conoscete vero, il mese di Ottobre? In questo periodo la stagione giunge ad un bivio e rimane sospesa tra il caldo dell'estate che da pochi giorni ha esalato l'ultimo respiro ed il freddo dell'inverno ormai alle porte.

E' la famosa mezza stagione nella quale si può passare dal caldo al freddo e viceversa, nel breve volgere di qualche ora.

Ragion per cui, non è raro imbattersi in una serata rigida e umida di nebbia con tanto di ragnatele gocciolanti.

Magari il giorno dopo la temperatura ha ripreso livelli piacevoli, quasi caldi, inducendoci a sperare che la dolce estate abbia deciso di fermarsi un altro po' a dispetto dello scalpitante calendario.

Questa storia trova la sua origine proprio in una bella serata ottobrina, con un clima decisamente mite, perfetto per chi, stanco dopo una giornata di lavoro, aveva voglia di abbandonarsi tra le braccia di Morfeo per una salutare e tonificante dormita.

Ottimo per gli spiriti vagabondi che avvertivano il bisogno di farsi una passeggiata rilassante.

Intrigante per tutti coloro che, beati loro, avevano la voglia e la possibilità di fare l'amore.

Il paese era avvolto dalle tenebre e con la sua voce severa, l'orologio del campanile aveva da poco annunciato le dieci agli abitanti di Pompiano.

I lampioni accesi, disseminati lungo le vie, svolgevano in piedi il loro dovere, rischiarando il cammino ai rarissimi passanti e nel medesimo tempo soddisfacevano i bisogni dei cani che, solitari e guardinghi, vagavano di strada in strada in cerca di avventure amorose.

Il cielo era pulito, senza nuvole, la luna contornata dalle sue stelle se ne stava lassù appesa, tranquilla e sonnecchiante.

Ma la luna lasciamola dormire in pace, meglio tornare sulla terra.

Quella sera una leggera e tiepida brezza soffiava allegramente per le contrade del paese, trascinando con se, in un gioioso turbinio, miriadi di foglie dai mille colori che, danzando e frusciando, si rincorrevano come scolarette vispe e dispettose.

Talvolta però succedeva che il volubile venticello si stancasse di quel gioco. Così, senza più spinta, le foglie rimanevano inerti e ammonticchiate lungo i muri e i marciapiedi, creando, senza volerlo, coloratissime tele improvvisate, degne di un museo d'arte contemporanea.

Pompiano, un pugno di case piantate nel cuore della Pianura Padana e tagliato in due dalla strada statale che unisce Brescia ad Orzinuovi.

Carlo viveva in una villetta situata nella periferia del paese (sempre che un paese possa avere la periferia) nei pressi del cimitero a dieci minuti di cammino dalla piazza principale.

Questa casa era circondata da un giardino tenuto senza particolare passione, giusto una rasatura d'erba di tanto in tanto e qualche potatura sul finire dell'inverno. Questa e poco più era la cura dello spazio verde da parte dell'unico inquilino, che pur lavorando in campagna, non amava eccessivamente il giardinaggio.

Costruita all'inizio degli anni settanta, su un unico piano, era una dimora molto ampia per un unico abitante, con una veranda sul lato posteriore che offriva a Carlo un confortevole rifugio dal calore nelle afose sere d'estate.

Circa quarant'anni prima, dopo una vita di sacrifici, rinunce e duro lavoro, i suoi genitori riuscirono finalmente a coronare il loro sogno più grande, una casa nuova, abbandonando per sempre quel cascinale dove erano vissuti tra mille stenti, sperduti in mezzo alla campagna e dimenticati perfino da Dio!

Fu così che Carlo, a soli nove anni, si vide costretto ad affrontare l'angosciante esperienza di un trasloco, dal verde dove era nato, ad un posto orribile fatto di cemento e catrame.

Abituato com'era agli spazi infiniti che solo la campagna sapeva regalargli, il solo sentirsi circondato da muri e ringhiere bastava a renderlo triste e depresso.

In paese non conosceva nessuno. Aveva seguito i primi tre anni di scuola in un altro comune. Così le interminabili giornate estive facevano di lui uno spirito vagante nella noia più totale.

La sua tristezza e il suo malcontento si scontravano con la felicità dei genitori, che pur essendo indaffarati dalla mattina alla sera a sistemare mobili, sedie, lavare e pulire e ad occuparsi di tutto quel che concerne un trasloco, non poterono ignorare lo stato d'animo del loro amato bambino.

Fu la mamma la prima ad accorgersi del malumore che rendeva cupe le giornate del bimbetto.

Con grande sensibilità quasi si sentiva in colpa per la felicità che insieme al marito provava in quei giorni.

<Carlo> gli diceva con dolcezza <hai mai vi-

sto una cosa di questo genere? Esci di casa e sei dal medico. Hai bisogno di medicine? Pochi passi e sei in farmacia. Pane fresco? Guarda, attraversi la strada e sei dal fornaio. E poi… hai visto l'oratorio? Pieno di giochi e, non so se hai notato, ma questo paese conta ben due campi da calcio!>

E via con queste lusinghe nel vano tentativo di rasserenarlo un pochino.

Ma Carlo continuava a trascinare la sua vita in quel luogo nemico, dove tutto e tutti gli apparivano ostili.

Giorno dopo giorno, arrivò, come arriva una brutta notizia, la fine dell'estate e con essa 'l'esordio' alla scuola del nuovo paese.

La quarta elementare incombeva su di lui come un cattivo presagio.

Ma paradossalmente non fu così, anzi fu proprio la scuola ad accelerare in maniera decisiva l'inserimento del bimbo nella nuova realtà.

Poco alla volta Carlo conobbe tutti i suoi compagni, compreso Massimo "Max" Rossetti, un brutto ceffo che si insediò in pianta stabile nella sua vita.

Con il passare del tempo e lo scorrere degli eventi, Carlo dovette ammettere che i suoi genitori avevano avuto, come sempre, ragione.

Sprofondato nella sua poltrona preferita, posta proprio nel centro della stanza, la stanza dei suoi amati libri, illuminato da una lampada posizionata alle sue spalle, con la finestra spalancata, Carlo era assorto nella lettura.

Dopo una giornata di duro lavoro non c'era nulla di più rilassante. Di questo era certissimo.

Da qualche giorno l'uomo aveva tagliato il ragguardevole traguardo dei cinquant'anni, ma il peso della solitudine ancora non si faceva sentire: la sua vita navigava pacifica in un mare di riti e di abitudini.

Carlo era un uomo alto circa un metro e ottanta, magro e piuttosto muscoloso, naso affilato e mento sporgente ricoperto da una leggera peluria che non aveva niente di estetico, era lì solo per la pigrizia del suo proprietario.

Gli occhi, di uno splendido color verde smeraldo, gli donavano una certa aria quasi orientale, e incrociando il suo sguardo si poteva immediatamente percepire la serenità d'animo che lo accompagnava.

Non si poteva certo definire un bell'uomo, questo no, ma certe volte sapeva essere, a dispetto della sua vena malinconica, molto simpatico e divertente. Raramente però.

Vestiva quasi sempre in modo molto semplice e comodo preferendo tute e scarpe da ginnastica: d'altronde la vita che conduceva non richiedeva nulla di ricercato. Certo a vederlo così, non conoscendolo, un incauto osservatore avrebbe potuto facilmente giudicarlo una persona sciatta e mediocre. Ma Carlo non era così.

Un tempo, molti anni prima, la sua vita correva su binari completamente diversi.

In gioventù era stato un ragazzone pieno di vita, instancabile lavoratore; partecipava attivamente ad ogni evento che si svolgeva in paese, prestando le sue forti braccia per i lavori più duri e faticosi, senza mai un lamento, senza chiedere niente in cambio.

Scattante e prolifico bomber, costituiva insieme a Massimo, gigantesco portiere, e al mingherlino ma fantasioso Luca, autentico padrone del centrocampo, la ferrea ossatura della locale squadra di calcio.

Grazie ai suoi gol furono anni d'oro per il paese, calcisticamente parlando.

Durante i mesi più caldi lavorava senza sosta dall'alba al tramonto, quasi si fondeva con il suo trattore, diventavano un corpo unico. Lo si vedeva passare: sembrava un uomo con le ruote.

Quando c'era da irrigare, lavorava con passione anche di notte.

Quello era il suo mondo, quella era la sua vita, lui era felice così e trascorreva con gioia le sue giornate nei campi tra un'aratura, una raccolta di fieno e una mungitura come se le giornate non dovessero finire mai.

Ma le giornate finiscono sempre, come passano gli anni e purtroppo gli amori…

Carlo quella sera non riusciva a leggere. Mentre gli occhi scorrevano sulle parole, la mente, come un bimbo dispettoso se ne andava per i fatti suoi, riducendo a mal partito la sua capacità di concentrazione.

Prima chiuse rumorosamente il libro, poi gli occhi, quindi si massaggiò le tempie. Appoggiò la testa allo schienale della poltrona e rimase in quella posizione per qualche minuto.

Riacceso lo sguardo cominciò a passare in rassegna gli scaffali colmi di libri che gli sfilavano davanti, era molto fiero della sua piccola, ma fornita biblioteca personale, il frutto di anni di passione e ricerca.

Appoggiò il volume che ancora teneva in mano sul bracciolo della poltrona e si alzò, tanto per quella sera non avrebbe più letto.

Trovò a dir poco vergognosa la posizione troppo defilata che anni prima aveva assegnato ai sette volumi della "Ricerca del tempo perduto" di Marcel Proust e lì per lì decise che meritavano più visibilità.

Si mise al lavoro, ma proprio mentre stava spolverando il primo libro, il cellulare suonò spaventandolo a tal punto che il volume gli sfuggì di mano, precipitando a terra.

Chi poteva essere a quell'ora? In preda allo

sconcerto si recò in cucina, dal tavolo recuperò il telefono domandandosi ancora chi mai potesse rompere le scatole quasi alle undici di sera.

Max. Il display gli diede la risposta. A chiamare era l'amico di una vita, nonché suo barista di fiducia: il vecchio Max.

<Ciao Max, non dirmi che ieri sera ho dimenticato di pagarti le birre>.

<Pensi che ti chiamerei per una cavolata simile?> rispose il barista.

<Allora, cos'altro ho combinato?>

<Soltanto tu lo puoi sapere, visto che una persona, una magnifica ragazza direi, poco fa è stata nel mio bar. Ma non è venuta a bere: cercava te!>

Carlo non realizzò subito.

<Scusami, credo di non aver afferrato: chi mi ha cercato?>

<Una ragazza, ti ho detto. È entrata poco fa e cercava te!>

<Cosa voleva da me?>

<Non mi ha detto cosa voleva da te>.

<Scusami, ma come può essere? Una persona mi cerca e non lascia detto nulla?> chiese Carlo con voce incerta.

<In effetti non ha quasi parlato. Però mi ha rifilato in mano un pacchetto, chiedendomi di consegnartelo> rispose Max.

Adesso Carlo era davvero preoccupato. Pensò qualche secondo toccandosi la peluria sul mento.

<Ho capito> disse sorridendo senza troppa convinzione <Mi stai prendendo in giro>.

<Carlo! Non fare il coglione. È tutto vero. Vieni al bar così ti racconto, ti metto in mano il pacchetto e ti convinci una volta per tutte!> ribadì spazientito Max.

<E' un po' tardi, ma dopo quanto mi hai detto dubito che riuscirei a dormire. Dammi il tempo necessario per raggiungerti> rispose Carlo.

<Ti aspetto, brutto porco! Alla tua età, farsela con le ragazzine!>

Il tono del barista non era di rimprovero, ma canzonatorio. Carlo non colse l'ironia dell'amico.

<Mi sembra evidente che ci troviamo alle prese con uno scambio di persona> concluse sperando in cuor suo che si trattasse di uno scherzo del suo amico.

Posto fine alla conversazione, l'uomo, appoggiato al piano della cucina si grattava il mento con aria meditabonda, ma più rifletteva e meno capiva.

<Ma sì> pensò <è certamente una burla di quel mattacchione! In fin dei conti, non sarebbe neanche la prima volta>.

Convintosi che la risposta all'inquietante dilemma fosse questa, si rasserenò un po', ma non del tutto. Qualcosa infatti, uno strano presentimento gli punzecchiava ancora l'anima.

<E' il momento di rompere gli indugi> pensò dirigendosi con passo risoluto verso l'attaccapanni e afferrando una felpa che lestamente si infilò calcandosi bene in testa il cappuccio.

A quell'ora le strade erano deserte. Carlo percorse a piedi la male illuminata via dirigendosi verso il mulino, quindi svoltò a destra, verso l'oratorio.

In giro non c'era proprio nessuno. Qualche automobile con i fari accesi, passando, tagliava in due la notte alla ricerca di una botta di vita qualche chilometro più in là.

Le finestre illuminate delle case assomigliavano ad occhi gialli intenti a scrutare nel buio. Lui però non aveva né tempo né voglia di badare a questi frammenti di vita. Notò invece un cagnolino che, incuriosito o infastidito dal suo passaggio, interruppe per un attimo la sua intensa attività olfattiva, salvo poi riprenderla subito, non ritenendolo degno di interesse.

L'uomo avanzava a passo spedito, inseguendo pensieri lontani e ascoltando con piacere il lamentoso scricchiolio delle foglie secche calpestate dai suoi piedi.

Arrivato nel piazzale dell'oratorio, dopo una rapida occhiata attraversò la strada, trovandosi così di fronte alla gelateria della sua amica Marta. Sbirciò all'interno per un salutino, ma lei non c'era, quindi prosegui alla volta della piazza principale del Paese.

Oltrepassò la chiesa, diede un'occhiata al campanile: le ventitré e quindici. La porta del salone del vecchio cinema era spalancata e dall'interno giungevano chiaramente fino a lui le voci e i mille rumori dei lavori che fervevano. Anche quest'anno i volontari sacrificavano il loro tempo libero per regalare alla gente lo splendido presepio che allietava il periodo natalizio, attirando centinaia di visitatori.

<Bravi ragazzi> pensò Carlo sorridendo <così si mantiene la vita nei piccoli paesi! Se non ci fossero loro, con il loro impegno, tutto sarebbe più noioso e malinconico>. Sorrise di nuovo, pensando ai tempi in cui quella sala svolgeva il suo vero mestiere, ossia, proiettare film.

Rivide con gli occhi della memoria due piccoli guastafeste, con le ginocchia perennemente sbucciate e il moccio al naso, mettersi in fila dopo il catechismo domenicale, davanti alla biglietteria, mentre con i soldini ben stretti in mano acquistavano il biglietto per assistere alla proiezione di "Altrimenti ci arrabbiamo". Riassaporò l'amaro gusto dell'invidia nei confronti di quei bimbi che, più danarosi di lui, infilavano la porta del bar, quel mondo meraviglioso e sconosciuto, ritornando poco dopo con le tasche gonfie di caramelle, ermeticamente chiuse. "Avevi voglia di sperare che ne perdessero alcune…!"

Gli sembrò di risentire i commenti dei due bambini dopo il bel film, mentre si avviavano verso casa, felici più che mai.

<Dio abbia pietà di loro> pensò con un po' di commozione. Poi in paese arrivò "Lo squalo", film vietato ai più piccoli. Questo fatto non impedì a Carlo e al suo degno compare Max, di passare ore e ore davanti alla locandina a contemplare, rapiti, le cosce della ragazza che nuotava tranquilla, ignara dell'affamato pescione che dagli abissi marini la osservava pregustando quella carne fresca e tenera.

<Tempi andati> pensò Carlo, tornando da quel mondo lontano.

Di passo in passo, di pensiero in pensiero, si ritrovò, quasi senza accorgersi, sotto il lungo porticato della piazza del comune. Lo percorse tutto senza prestare la minima attenzione alle vetrine dei negozi che, comunque, a quell'ora tarda, erano chiusi.

Più si avvicinava al bar di Max e più si sentiva a disagio. Era ancora sicuro che quella storia fosse tutta una macchinazione dell'amico, tuttavia un leggero senso di inquietudine lo attanagliava nel profondo.

Nonostante l'orario il locale era ancora discretamente affollato. La partita di Champions League era terminata da più di un'ora, ma un nutrito gruppo di clienti tifosi stava tirando tardi in commenti ed opinioni. Carlo spinse la porta con decisione. Entrò e fu subito investito dalle chiacchiere e dalle urla degli avventori che discutevano dell'avvenimento sportivo della serata. Qualcuno ce l'aveva con l'arbitro, dandogli dell'incapace; chi se la prendeva con il difensore reo di aver eseguito tardi la diagonale, chi sosteneva che l'allenatore non capiva niente, per aver sbagliato tutte le sostituzioni. Così, tra qualche tifoso pro, qualche tifoso contro, tra urla, imprecazioni e bestemmie, la sera si stava trasformando in notte.

Max, piegato in avanti con i gomiti appoggiati sul bancone, seguiva attentamente i discorsi dei suoi clienti, naturalmente senza intervenire, per non doversi schierare da una parte o dall'altra. Lui però personalmente era d'accordo con chi sosteneva che la colpa era da attribuirsi al Mister.

Quando si accorse dell'arrivo dell'amico si raddrizzò e alzando le braccia al cielo lo apostrofò con finto sgarbo.

<Eccoti finalmente, dove caspita sei finito? Sono due ore che ti aspetto>.

<Non esagerare come al solito!> rispose Carlo <Piuttosto, che cosa ti stai inventando con questa storia?>

<Non mi sto inventando proprio nulla, è tutto vero, una ragazza è venuta a cercarti circa…> Max ci pensò un attimo <sarà stato tre ore fa, più o meno. Il bar era pieno di gente> aggiunse <tutti davanti alla TV. Sai c'era la partita, qualcuno stava addirittura in piedi. Là!> disse Max indicando il punto lungo la vetrata dove i clienti, in piedi, seguivano la partita.

<Io e mia moglie ci dannavamo l'anima per far fronte a tutte le ordinazioni. Mio figlio non c'era: quando serve quello non si trova mai! Insomma non un attimo di respiro avanti e indietro!>

<Massimo per l'amor di Dio vai al dunque!> lo interruppe spazientito Carlo, alzando un po' la voce.

<Sì, sì, va bene, ora ci arrivo. Volevo solo farti capire il motivo per cui, be' io, ecco, forse non sono stato, come dire? Molto gentile. Non le ho dato retta. Ecco!>

<Massimo, adesso ti uccido> gridò Carlo agitandogli il pugno davanti al grugno. Era davvero arrabbiato, ma come dargli torto?

Mica l'aveva capito che il barista si stava divertendo come una mosca nel barattolo dello zucchero a tenerlo sulle spine. Quell'uomo era proprio un gran burlone!

<Ok, andrò dritto filato al nocciolo. Come vuoi ragazzo!> riprese Max, che però non aveva per niente voglia di mantenere la promessa. Infatti continuò: <Dunque ragazzo, come ti ho già detto, c'era una gran ressa, pieno dappertutto, io stavo dietro al balcone a spillare birra a più non posso, tre medie e un succo. Bene, mi chino per prendere il succo e quando mi rialzo, chi mi trovo dall'altra parte del bancone?>

Altra dispettosa pausa. Lasciatemelo dire: quel barista quando ci si metteva era proprio un gran bastardo, ma questa volta non aveva calcolato bene la tensione del suo amico, che ormai era salita alle stelle.

Con un guizzo degno di un cobra, Carlo afferrò l'orecchio destro del barista e torcendolo in maniera molto dolorosa gli disse scandendo le parole: <Vai a-v-a-n-t-i o te lo s-t-a-c-c-o, hai c-a-p-i-t-o?>

Eh sì, l'insensibilità di Max lo aveva proprio esasperato!

<Lasciami l'orecchio! D'accordo, ti dico tutto> proclamò ufficialmente il barista, massaggiandosi l'orecchio imporporato.

<Una splendida figliola> riprese, questa volta deciso a fare sul serio <bellissima, alta, bionda,

vestita come un'attrice>.

Carlo provò a intervenire, ma Max era serio.

<Fammi continuare!> lo zittì prontamente <Me la trovo davanti, con un'espressione un po'… come dire?... smarrita. Non saprei, forse era spaventata. Certamente non era a suo agio>.

Nel frattempo il bar si era quasi completamente svuotato, i pochi clienti rimasti sembravano interessati al racconto di Max e si avvicinarono ai due amici.

<Le chiedo se vuole da bere: lei che fa? Mi risponde chiedendomi se conosco il signor Carlo Ricci!> Carlo si rese conto che non si trattava per nulla di una burla. <Io le rispondo che sì, ti conosco bene, che vieni spesso nel mio locale a farti una birra>.

Tutti tacevano.

<Poi all'improvviso toglie dalla borsa un pacchetto, me lo porge chiedendomi di consegnarlo a te. Io con quel "coso" tra le mani le dico di aspettare, che ti avrei chiamato al telefono così vi sareste parlati personalmente>.

Max sudava copiosamente nel tentativo di rendere la scena il più realistica possibile, si asciugò il sudore con il fazzoletto poi proseguì tra l'interesse dei presenti.

<Lei che fa? Mi dice che non ha tempo, che deve andare. Insomma farfuglia qualche scusa, mi ringrazia frettolosamente, mi saluta e puff!

scompare. Come se non fosse mai esistita! Questo è quanto>.

Tutti stavano in silenzio, fu ancora Max a romperlo: <Cosa mi dici ragazzo?>

Carlo non sapeva proprio cosa dire. Non si trattava di uno scherzo. Ora ne era pienamente convinto. <Non ci capisco niente> rispose <sono completamente disorientato. Ma questo pacchetto dov'è finito?>

<Giusto! Hai ragione. Vado di là a prenderlo>. Così dicendo il barista sparì nel retrobottega, seguito dallo sguardo di Carlo che non vedeva l'ora di risolvere questo strano caso.

Anche gli altri clienti erano incuriositi e si guardavano bene dal cedere alle lusinghe del letto che a quell'ora erano molto forti. Passarono pochi secondi e il barman tornò portando con se il misterioso oggetto.

<Ecco> disse porgendo l'involucro all'amico <aprilo!>

Sul momento Carlo fu tentato di seguire il consiglio di Massimo, ma notando lo sguardo curioso, quasi morboso dei presenti, pensò "se dentro ci fosse qualcosa di imbarazzante che farei?"

Decise così di cambiare strategia: <No Max, è molto tardi, ora vado a nanna. Lo aprirò domani mattina> disse fingendo scarso interesse per la cosa. Max capì al volo l'intento del suo amico e decise di reggergli il gioco, come un team collaudato.

<D'accordo ragazzo> disse <vai pure a farti una bella dormita. Ci vediamo domani>. Carlo riconoscente strizzò l'occhio all'amico, salutò tutti i presenti, che ovviamente rimasero delusi dalla sua decisione e si affrettò verso l'uscita stringendo saldamente in mano il motivo della sua inquietudine.

Per strada regnava la calma più assoluta, il vento si era calmato, la fontanella della piazza zampillava e gorgogliava rompendo il silenzio della notte. Camminando sulla via del ritorno, l'uomo pensò al suo amico Max, gli fu grato per aver afferrato al volo il suo stato d'animo: da vero amico aveva ricacciato indietro la curiosità, invitandolo ad andarsene.

Lui e Max formavano un tandem affiatato fin dai tempi della scuola. La loro era un'amicizia profonda e sincera, si erano piaciuti subito, fin dal primo sguardo e si volevano bene come due fratelli. Insieme avevano attraversato le stagioni più importanti della vita di un uomo. Insieme avevano scoperto il mondo combinando mucchi di guai. Insieme erano stati bimbi, poi ragazzi, poi uomini. Ma a unirli in modo particolare fu il periodo scolastico. Per la verità Max portava sul groppone ben dodici mesi più di Carlo, ma la bocciatura che macchiò la sua carriera studentesca cancellò di colpo ogni distanza temporale e fu così che si ritrovarono felici ed uniti più che mai nella stessa classe.

Due mocciosi brutti, sporchi e malvestiti che non sapevano fare altro che combinare disastri. I più simpatici erano senza dubbio loro. Quante cose fecero insieme: i bagni estivi nell'acqua gelida dei fossi, i furti di ciliegie rischiando ogni volta dei sonori schiaffoni, le partite di calcio in mezzo alla strada. Quanti palloni bucati dalle spine delle rose quando finivano nei giardini! Al calar della sera, quatti quatti si andava a rubare le angurie. Una volta furono pure beccati, ma il tutto si risolse con due bacchettate sulle chiappe. "Che strizza però" pensò Carlo. Le scassatissime biciclette furono soppiantate dai motorini, i mitici "Ciao", lenti come lumache, ma che, opportunamente modificati cambiandone la marmitta, riuscivano a viaggiare un po' più spediti. Anche le figurine dei calciatori ormai avevano fatto il loro tempo. A catturare l'interesse dei ragazzi erano ben altre figurine: quelle piene di curve delle loro coetanee! Erano diventati "grandi", da bimbi si erano trasformati in adolescenti.

Carlo entrò in casa, non si sentiva per niente tranquillo, anzi era molto agitato. Non pensò neanche lontanamente di pigliare una sedia: lacerò la carta azzurra che rivestiva l'oggetto misterioso, con la schiena appoggiata alla porta d'ingresso. Gettò la carta sul tavolo del soggiorno e finalmente lo vide. Tra le mani stringeva un libro. Il libro.

Sbiancò in volto. Un forte tremore si diffuse rapidamente per tutto il suo corpo. Una valanga di ricordi si riversò su di lui: fu letteralmente travolto dalle emozioni.

Avvampò di amore e odio e rabbia e rancore, poi ritornò all'amore. Ora sì che aveva bisogno di sedersi. Si trascinò in cucina e appoggiandosi al tavolo si lasciò cadere pesantemente su una sedia. Seduto che fu, rimase immobile, gli occhi chiusi, il respiro affannoso, il cuore in gola.

Dopo qualche minuto, con il libro sempre ben stretto tra le dita, la sua mente decise di reagire. Iniziò un viaggio a ritroso nel tempo, lontano, molto lontano. Fino a fermarsi al mese di ottobre di trent'anni prima.

La rivide. Lei. I suoi occhi. Ascoltò la sua voce, i suoi gemiti.

All'improvviso si riscosse, riaprì gli occhi, posò lo sguardo sul libro, notò che lo scorrere del tempo aveva ingiallito le pagine. Carlo lo annusò: sapeva di umido e di cose morte, passate. O forse no?

Attingendo a tutta la forza di volontà che possedeva, decise di aprirlo. Sapeva già cosa avrebbe trovato alla prima pagina. La sua memoria, il suo amore non lo avevano tradito.

La dedica era ancora al suo posto, al centro della pagina:

"Per chi ha voglia di pensare"
Anna
Ottobre 1984

Anna. La sua amata e mai dimenticata Anna.

Poi un improvviso flash gli illuminò la mente. Rapido fece scorrere le pagine tra le dita fino a quando non si ritrovò in mano un segnalibro. Lo ricordava ancora alla perfezione, color verde acqua marina, con una scritta vergata a mano:

"Memento audere semper"
Anna
Ottobre 1984

Sopraffatto dai ricordi e dal dolore, Carlo crollò e si sciolse in lacrime.

Decisamente aveva fatto bene a non aprire il pacchetto al bar.

Il cellulare squillò, poi squillò di nuovo e ancora una volta. Lui non rispose. Non poteva parlare. Sapeva già che si trattava di Max. Lentamente ritornò in sé, si ricompose. Recuperò il telefono e inviò un sms al suo amico: <Ci ve-

diamo domani. Molto molto importante. Ciao>.

Naturalmente quella notte non chiuse occhio, non ci provò neppure a mettersi a letto. Si sistemò sulla poltrona e attese il mattino lasciando la via libera ai ricordi, ai perché, agli interrogativi. Chissà cosa poteva significare ritrovarsi quel libro tra le mani trent'anni dopo che lui stesso lo aveva gettato dal finestrino della sua macchina in corsa? Era forse Anna a donarglielo una seconda volta?

Ah, se quel pirla di Massimo avesse trattenuto la ragazza, qualche ora prima, magari avrebbe tra le mani le risposte a quelle domande che lo bruciavano dentro.

<Anna, dove sei ora?> si chiese Carlo nello sconforto più totale.

Sentì le lacrime salirgli di nuovo fino agli occhi. Tentò di fermarle pensando al suo unico grande amore. Ma purtroppo per lui, questo sentimento, aveva rappresentato il punto più critico della sua esistenza. Una dura sconfitta che percepiva ancora con grande chiarezza, nonostante gli anni passati. Grazie all'amore si era sentito più vivo che mai, quasi immortale. Aveva esplorato territori fino ad allora sconosciuti, varcato confini che la umana ragione non può comprendere. Aveva amato Anna quasi fino a perdere la bussola, senza riserve, con tutto il suo essere, con tutte le sue forze. Aveva amato Anna e vissuto unicamente per lei, ma Anna se ne era andata, via, incontro a un altro destino.

Seduto nel buio della sua casa la pensò, così bella nel fiore dell'adolescenza. Lei: quasi donna. Lui: brutto anatroccolo senza alcuna speranza.

Quando giocava a calcio se la vedeva tra gli spettatori. Provava sempre colpi di classe alla Maradona nel patetico tentativo di impressionarla.

In estate quasi ogni giorno andavano giù al fiume a fare il bagno: stormi di ragazzini motorizzati che sollevavano polveroni immensi. Lei montava sempre in sella con lui. L'estate a Pompiano era molto calda e grazie alle leggerissime magliette che indossavano Carlo percepiva il contatto dei suoi seni contro la schiena. Quasi pelle contro pelle.

Sorrise pensando al pandemonio che si scatenava nelle sue mutande.

La sera il piazzale dell'oratorio era sempre gremito di ragazzi schiamazzanti che si ritrovavano in quel luogo in attesa delle tenebre.

Piano piano, con il calar del buio, chi ad una festa, chi in discoteca, chi al cinema, ecco che il piazzale restava deserto. Anna e Carlo, qualunque fosse l'indirizzo della serata, rimanevano sempre insieme.

Il conseguimento della licenza media portò,

nella vita di tutta la brigata, una svolta epocale.

Fu così anche per Anna e Carlo. Lei sull'onda dei bellissimi voti ottenuti agli esami si iscrisse al liceo, in città. Lui invece non volle saperne di continuare gli studi e fu assunto nell'azienda agricola che da parecchi anni dava lavoro anche a suo padre.

Questa "separazione" apparentemente innocua, in realtà fu l'inizio di un lento processo che da lì a pochi anni li portò alla separazione definitiva.

Anna conobbe la città e ne fu ammaliata. Il nuovo mondo con le sue vetrine, le grandi piazze, il traffico brulicante, tutto questo era per lei qualcosa di magico.

Conobbe tanta gente nuova, ragazzi e ragazze di un'estrazione sociale più elevata.

Affascinati dalla sua bellezza e dal suo splendido sorriso, tutti ambivano alla sua compagnia. Ebbe più volte modo di confrontare la sua vita di paese con quella della città. Con il passare del tempo l'insofferenza per Pompiano aumentava.

Completamente svuotato da tutte le emozioni vissute quella sera, esausto, si addormentò con la testa ciondoloni. Un sonno tranquillo si impossessò di lui. Un sonno senza sogni.

Fu un dolore alla schiena a svegliarlo. Decisamente quella posizione non era la più indicata per dormire. Fuori l'alba stava schiarendo il mondo. Carlo si stropicciò gli occhi e si accorse di aver freddo. Desiderò un caffè. Con la schiena intorpidita, faticò non poco ad alzarsi per chiudere la finestra. Andò in cucina e si preparò la colazione a base di caffè e biscotti. Mentre l'acqua si scaldava, tornò con il pensiero alla sera prima. Per un attimo ebbe il timore di avere sognato tutto. Ma il libro c'era! Eccome se c'era. Durante il sonno gli era scivolato a terra e lui lo vedeva chiaramente. Non aveva sognato.

Si versò il caffè e lo sorseggiò con calma. Sgranocchiando un biscotto tentò di dare per la milionesima volta una risposta alle domande che, come avvoltoi, giravano nella sua testa.

Anna, facendogli recapitare quel libro, era in qualche modo tornata nella sua vita o queste erano solo sue congetture? Ma se non lei, chi altri poteva essere? Pensò al vecchio Max. Più tardi sarebbe andato da lui. Aveva una storia vecchia di trent'anni da raccontargli.

Dopo la colazione lavò la tazzina e riordinò un poco la cucina. In casa era tutto a posto: vivendoci da solo ed essendo una persona che amava l'ordine, era quasi impossibile trovare una cosa fuori posto.

Fece una doccia fredda che gli restituì un po' di energia e di benessere. Indossò una tuta fresca di bucato e immediatamente si sentì a posto.

Prima di uscire telefonò al suo datore di lavoro avvisandolo che un impegno improvviso lo costringeva a ritardare. Raccolse il libro dal pavimento. Gli sembrò di sentire un brivido nel momento in cui lo toccò, come una leggera scossa, ma sapeva benissimo che si trattava solo di suggestione.

Uscì. Chiuse la porta a chiave e girò sul retro della casa dove sotto un piccolo portico teneva la sua bicicletta. Depose il libro nel cestino e inforcando la bicicletta si avviò verso il bar di Massimo.

La promessa di una bellissima giornata lo accolse in strada. Il cielo arancione gli annunciava l'imminente comparsa del sole. La brezza del giorno prima aveva ripulito l'aria dallo smog: il cielo era limpido e i colori più vivaci. Pompiano si preparava al nuovo giorno.

Il locale di Max a quell'ora del mattino era praticamente deserto. Qualche pensionato che prendeva il caffè sfogliava la Gazzetta. Un tavolo era occupato da quattro casalinghe che prima della spesa si trattenevano una mezz'oretta per un cappuccino e quattro chiacchiere. Carlo entrò e si diresse subito al bancone.

<Ecco> disse allungando il libro verso l'amico. <Questo è il contenuto del pacchetto>.

Tacque un attimo poi gli ordinò: <Prendilo!>.

Max capì all'istante che la faccenda era piuttosto seria. Squadrò l'amico per un attimo e sussurrò: <Aspetta. Lo guardo dopo. Vado a chiamare Angela. Intanto tu vieni di qua>.

Così dicendo lo guidò nel retrobottega dove lo fece accomodare ad un tavolo. Poi sparì e Carlo lo sentì chiamare Angela, sua moglie, perché lo sostituisse nel bar mentre loro due parlavano. Fu questione di cinque minuti e Max fu di ritorno con un vassoio colmo di caffè e biscotti.

<Eccomi> disse Max <ora puoi spiegarmi tutto>.

Carlo spinse nuovamente il libro verso l'amico che nel frattempo si era seduto di fronte a lui. Poi prese una tazzina di caffè e aspettando un commento si mise a sorseggiarlo.

Massimo invece ignorò il caffè. Prese il libro e se lo girò tra le mani, senza capirci nulla.

<Be', è un libro: e allora?> disse.

<Sì, è un libro> rispose Carlo posando la tazzina ormai vuota <ma è un libro speciale, con una storia di trent'anni alle spalle>.

<Puoi spiegarti meglio?>

<Mi spiegherò alla perfezione, ma prima devi rispondere ad una domanda>.

Max era confuso.

<Anche gli indovinelli adesso?>

<Nessun indovinello, solo una domanda> rispose Carlo <dimmi cosa ricordi del tempo in

cui io e Anna stavamo insieme>.

Max udendo quel nome cambiò espressione.

<Cosa c'entra quella?> pensò rabbuiandosi.

Era un uomo alto e corpulento, con una barba lunga e curata, una leggera calvizie ed una spolverata di bianco sulle tempie. Aveva occhi marroni, un naso grosso, oggetto delle prese in giro di Carlo. Due labbra carnose semi nascoste dalla barba. Quasi sempre sorridente, diventava cattivo con chi lo faceva arrabbiare o con chi faceva del male alle persone che amava. Ecco perché ce l'aveva con Anna.

<Dunque: vediamo cosa ricordo di quei tempi...> introdusse i ricordi con voce ovattata, socchiudendo gli occhi quasi a voler visionare le immagini che cominciavano a scorrergli nella mente <ricordo... ricordo le birre gelate bevute seduti sul marciapiede rovente. I pomeriggi in piscina, i bagni nel fiume. Ricordo la piazza sotto la neve, quasi un metro, io, te, Angela e Anna che ci prendevamo a pallate. Le sere di maggio passate a chiacchierare respirando l'aria primaverile>.

Massimo era come un fiume in piena: <Sì, ricordo che mi parlavi sempre di lei. Che nella tua vita c'era sempre più lei e sempre meno io. Questo mi faceva soffrire, ma capivo che era giusto così>.

Max si interruppe di colpo, riaprì gli occhi,

guardò l'amico che, con espressione sognante seguiva gli stessi pensieri e continuò: <Poi lei decise di andarsene al liceo e piano piano le cose cambiarono>.

Una pausa, per sondare lo stato d'animo di Carlo, poi riprese: <Aveva sempre da studiare, così diceva. Questo era il suo alibi per non stare con noi. Io ti vedevo preoccupato e triste, ma fingevo di non capire. Sapevo che ti avrei fatto incazzare se avessi cercato di metterti la pulce nell'orecchio. Poi un giorno, un triste giorno, arrivò in paese un tizio con la sua Mercedes e da quell'apparizione iniziò la fine>.

Massimo tacque cercando di soppesare l'umore dell'amico, temendo di averlo ferito con la sua franchezza. Carlo, invece, sembrava smarrito in mezzo a tutti quei ricordi.

Improvvisamente si riscosse e tornando da dove era stato con la mente, suggerì: <Adesso puoi aprire il libro>.

Il barista spinse di lato il vassoio, prese il volume e, come gli fu consigliato dall'amico, lo aprì.

<La prima pagina> disse Carlo.

Max alzò la copertina e si trovò sotto gli occhi una dedica scritta a penna. La lesse a voce alta: <Per chi ha voglia di pensare. Anna. Ottobre 1984>.

Tacque un attimo, pensieroso, poi disse:

<vorresti farmi credere che questo libro è...>

<Sì!> lo interruppe Carlo. <Quel libro è, o meglio proviene, da Anna>.

<E tu come fai ad esserne così certo?> insistette Max, per nulla convinto.

<Perché fu un regalo che volle farmi pochi giorni prima di partire>.

Carlo si rese conto che erano necessari chiarimenti più dettagliati.

<Ora ti spiego tutto> e, aggiunse <come tu stesso hai giustamente ricordato, Anna cambiò molto da quando iniziò a frequentare il liceo. Stava con me, ma si capiva che la sua testa e il suo cuore erano da un'altra parte. Con me, quando eravamo soli intendo, era spesso silenziosa e malinconica. Sembrava lontana. Io mi sforzavo di capire, assecondavo i suoi umori che diventavano di giorno in giorno più cupi. Mi spaccavo in quattro per cercare di farla divertire. Le regalavo fiori e oggetti di cristallo. Quelli, sai, le piacevano tanto. Fu tutto inutile. Pigliava i miei regali, li metteva da parte con un rapido e quasi infastidito grazie. Nel mio cuore lo sgomento ed il senso di fallimento aumentavano sempre più. Mi coricavo con una pietra sullo stomaco, con tanta voglia di piangere. Ormai era chiaro: ero un condannato a morte in attesa di conoscere il momento dell'esecuzione>.

Carlo tacque un attimo. Pensò. Poi riprese: <Quella data tardava ad arrivare, ma in compenso si materializzò il mio boia, vestito come un damerino, dai modi garbati e suadenti. Non un buzzurro, come lo eravamo io e te>.

Per allontanare l'angoscia che sentiva dentro, Carlo la mise sullo scherzo.

Fallì naturalmente.

<Continua che mi hai incuriosito> gli rispose di rimando l'amico.

<Il tipo, Sergio, se non sbaglio, comparve in paese verso la fine del secondo anno di liceo. Era aprile o maggio, ora non ricordo esattamente. All'inizio ci fu presentato come compagno di classe di Anna>.

<Sì, sì, ricordo bene> intervenne Max troncando di netto le parole nella bocca dell'amico. <lo dissi subito ad Angela: ecco spiegata la stranezza di Anna. Lo avevo intuito subito>.

<In realtà non era poi così difficile> rispose Carlo <come fu fin troppo semplice dedurre che per me...> fece una pausa per trovare il coraggio di pronunciare quelle parole <non c'era più posto nella sua vita>.

Angela, approfittando di un attimo di tregua nel bar, si fece viva chiedendo se fosse tutto a posto.

<Sì ragazza, vai tranquilla, stiamo solo facendo due chiacchiere> rispose Massimo, mentre

Carlo recuperava il filo dei ricordi.

<Decisi di defilarmi senza chiedere nulla, così… niente giustificazioni. Sono certo che mi fu grata di questo. Le risparmiai delle scuse che, francamente, non mi interessavano. Mi allontanai dalla sua vita, e lei non mi cercò mai. Cominciai a mangiare pochissimo, non dormivo più. Aspettavo una chiamata che non arrivò mai. Ricordo gli sguardi colmi di preoccupazione che si scambiavano i miei genitori, tutte le attenzioni che mi rivolgevano nel vano tentativo di alleviare il mio dolore>.

<Eh sì!> disse Max <Erano proprio due ottime persone>.

Carlo, abbandonatosi contro lo schienale della sedia, riprese la cavalcata nel tempo che fu. Ora non aveva più timore dei ricordi: si limitava ad evocarli e loro, puntuali e obbedienti, affioravano in superficie.

<In primavera la campagna richiede sempre un sacco di lavoro, io nonostante il mio dolore non mancai nemmeno una volta. Il lavoro si dimostrò un'ottima distrazione. Ogni sera passavo di là! Sì insomma: davanti a casa sua. Quella maledetta macchina c'era sempre! Una sera percorsi il mio solito giro e non vidi la macchina, così come le sere successive. L'auto era sparita. Nel mio cuore lacerato si riaccese la speranza. Forse se n'è andato, mi ripetevo di conti-

nuo. Una parte di me avrebbe voluto correre alla sua porta, ma dopo un'attenta riflessione decisi che era meglio attendere ancora qualche giorno. Da una settimana non vedevo alcuna traccia della macchina ed io ero ormai certo che quella storia fosse finita>. Carlo allungò la mano verso il vassoio e prese un biscotto.

<Aspetta un attimo> disse Max, che rapido si alzò, andò nel bar e altrettanto rapidamente tornò con due birre stappate <ecco, bagnati la gola con questa> disse all'amico. Poi tornò a sedersi.

<Purtroppo avevo fatto i conti senza l'oste>. Carlo riprese il suo racconto dopo un paio di sorsi di birra. <Mi convinsi del fatto che si fossero lasciati. Non solo, ma cominciai stupidamente ad attendere che venisse a cercarmi…che stupido! Ovviamente non mi cercò mai!>. Un altro po' di birra, un rutto, poi: <Fui io a decidere di "tenderle la mano" perciò una sera, stoltamente, certo che lei non aspettasse altro, suonai il suo campanello. Pochi secondi d'attesa, la porta si aprì ed uscì sua mamma>.

Carlo pronunciò la parola "mamma" con disgusto.

<Ciao Carlo, cosa vuoi?> mi disse sapendo perfettamente la risposta.

<Vorrei parlare con Anna> risposi impacciato come mai. Lei mi guardò con sguardo trion-

fante e disse che Anna non c'era, che era in vacanza in Toscana con il suo fidanzato, che sarebbe tornata a settembre. Ricordo ancora con grande rabbia il suo sorriso maligno mentre pronunciava queste parole, distruggendomi il cuore>.

Massimo sorrise, si grattò il naso e poi disse: <Vai avanti>.

<Per me fu il baratro. La tanto temuta condanna a morte arrivò proprio quando cominciavo a rinnovare le mie speranze. Il mio boia aveva gli occhi crudeli di sua madre… che strega! Dopo> continuò Carlo <furono mesi terribili, devastanti. Persi definitivamente ogni stimolo. Anche quello di vivere>.

<Parlasti metaforicamente di una strada dritta> si intromise Max <che ad un certo punto si interrompe. Io sentendoti parlare così, mi spaventai e capii che stavi prendendo una brutta china. Decisi di fare qualcosa per aiutarti>.

<Sì, è vero> rispose Carlo <il tuo aiuto mi fu molto utile. Eri il mio punto di riferimento sul quale potevo contare sempre. Tu e i miei genitori, ora lo posso dire, mi avete salvato la vita!>.

<Ok, questi fatti li conosco> Max era curioso di sapere, per questo tagliò corto <raccontami di quello che non so>.

<Piano piano mi rassegnai. Piano piano la vita riprese un certo ritmo, una certa regolarità. Il

lavoro mi fu di grande aiuto, tu non mi lasciavi mai un momento, inventavi di tutto per distrarmi. Tutto ricominciò a scorrere>.

Massimo si chiese come mai l'amico la stava facendo tanto lunga. <Sì, sì, conosco anche questi particolari> disse <fin qui è tutto molto vivido: i concerti, le interminabili chiacchierate. Davvero, ricordo tutto quanto. Ma poi?>

<Poi arrivò la fine dell'estate del 1984. Ottobre> precisò Carlo.

<Una sera verso le otto me ne stavo tranquillamente sdraiato sul letto in camera mia. Lo stereo a manetta. Ascoltavo un disco dei The Doors, quando improvvisamente la musica cessò di colpo come se si fosse interrotta l'elettricità. Aprii gli occhi e vidi mia madre che armeggiava con la manopola del volume.

"Ho bussato venti volte, ma con questo frastuono sfido che non hai sentito!" mi disse irritata. Le risposi che volevo stare solo. "Scendi che ti vogliono al telefono".

Le chiesi chi fosse e la sua risposta mi colpì come una fucilata.

"È Anna che ti vuole, quella là". Evidentemente non era simpatica neppure a ma'.

Chiesi stupidamente cosa volesse, ma che poteva saperne mia madre? Con lo stomaco sottosopra e le gambe malferme, scesi le scale nel più breve tempo possibile e mi ritrovai con la cornetta in mano. "Pronto" dissi, con il cuore che batteva come un martello e la voce bassa e svogliata. Volevo darle da intendere che la sua chiamata mi era del tutto indifferente, ma naturalmente ero pazzo di gioia. "Ciao Carlo… co… come stai?" Il tono della sua voce tradiva un forte imbarazzo, quasi certamente stava tremando, come me del resto. Cercai di immaginarla dall'altra parte del filo: quanto era bella anche nello immaginario. La sua voce, seppur titubante, era una musica celeste.

"Come pensi possa stare?" le risposi con tutta la calma che riuscii a rimediare. "Come dovrebbe stare una persona usata e gettata nel cesso senza nemmeno lo straccio di un motivo?" Respirai, chiusi gli occhi cercando di calmarmi. "Comunque diciamo che mi sto riprendendo. E tu come stai?"

"Io non posso lamentarmi".

"Sono felice per te" risposi mentendo vergognosamente.

Ci fu un attimo di silenzio, poi sembrò afferrare il coraggio a due mani e mi disse tutto d'un fiato: "Senti Carlo, io voglio, no… cioè… io vorrei parlarti".

Fui investito in pieno da queste parole, come puo' fare un camion in corsa, tanto che dovetti appoggiarmi al muro. Tuttavia finsi di non capire. "Mi sembra che lo stiamo già facendo" le risposi.

"No, non così, per telefono. Vorrei vederti… magari domani". Ora non mi serviva più un appoggio, ma una zavorra, perché stavo volando, sissignori stavo proprio volando! Misi da parte ogni finzione.

"D'accordo" dissi "fammi sapere quando e dove". "Domani sera, verso le nove, al parcheggio della palestra. Ti va bene?"

"Sì, a me sta bene, ma…il tuo fidanzato?" feci una fatica tremenda a pronunciare quella parola. Sperai mi rispondesse che lui non c'era più. Invece… "È via con suo padre per lavoro. Tornerà tra qualche giorno."

Il padre del tizio era un imprenditore che operava nel settore edile. Una persona potente e ricchissima. Gente abituata ad avere tutto e tutti, la mia Anna compresa.

"Bene, a domani allora" tagliai corto rimandando indietro la delusione per la sua risposta. In fondo una serata era pur sempre meglio di niente, avevo a disposizione qualche ora per convincerla a tornare da me. Dovevo giocare bene le mie carte>.

Max, più che mai incuriosito dal racconto dell'amico domandò: <Così sei riuscito a vederla prima che se ne andasse?>

<Oh sì! Ci vedemmo esattamente ventiquattro ore dopo quella telefonata. Inutile dire che

furono ore eterne. Ogni secondo sembrava un secolo. Ho vissuto quel giorno maledetto in uno stato di ansia fortissima. Macchinavo continuamente su cosa avrei potuto dirle. Cercavo le parole più adatte per ricondurla sulla strada del mio cuore.

Poi la sera arrivò. Una bella doccia, jeans, camicia, una spruzzata di profumo e via con la mia due cavalli alla riconquista di Anna.

Avvicinandomi al parcheggio vidi la sua Fiat Uno. Lei era già arrivata. Questo mi fece piacere visto che alle nove mancavano ancora dieci minuti.

Accostai accanto alla sua macchina. Mi stavo vergognando come un ladro, anche se non dovevo certo essere io a dovermi vergognare!

Facendomi coraggio spinsi lo sguardo oltre il finestrino. Ci fissammo. Lei abbassò gli occhi. Io invece era come se avessi appena inghiottito una rana viva. Non respiravo più, fulminato dallo splendore di quella ragazza che era stata mia. Trovammo di nuovo il coraggio di guardarci negli occhi. Lei stavolta mi sorrise timidamente, poi mi fece cenno con la testa di montare accanto a lei. Non so come, ma mi ritrovai al suo fianco praticamente senza aprire la portiera. Ah, la potenza dell'amore!

Avviò il motore e prese la direzione di Orzinuovi. L'imbarazzo era palpabile. Non sapevo cosa dire, alla faccia di tutte le elucubrazioni precedenti. Nel silenzio più assoluto capii dove voleva portarmi. Nel luogo che più avevamo amato all'epoca dei motorini, lungo il fiume Oglio, che fu teatro delle nostre escursioni estive. Non mi sbagliavo: all'altezza del Ristorate messicano svoltò a destra e ci ritrovammo su una stradina che, una curva dopo l'altra, ci accompagnò proprio a due passi dall'acqua. Si fermò, spense il motore e rimase ferma a guardare nel buio della sera.

"Anna" sussurrai "Anna, io e te in macchina da soli. Dimmi che non sto sognando".

"No, non stai sognando. Non stiamo sognando. È tutto vero".

"Perché siamo qua?" le chiesi.

"Perché ti devo delle spiegazioni. Mi rendo conto di essermi comportata molto male. Tu sei una bella persona: non meritavi quello che ti ho fatto!"

"Ma allora perché è successo tutto questo?" le chiesi guardando le luci delle macchine che passavano sul ponte.

"Senti Carlo" disse girandosi verso di me "tu mi piaci, mi sei sempre piaciuto. Quando stavamo insieme non pensavo che a te. Sì, eri il mio mondo. Con te ero felice, ma… non è facile da dire…"

"Me lo devi dire, mi devi spiegare. Io voglio

sapere. Dopo tutto quello che ho sofferto, merito di sapere".

Anna in preda al nervosismo si stava torturando le dita.

"Carlo" disse facendosi coraggio "se fossi rimasta con te, che cosa mi avresti offerto? Quale sarebbe stata la mia vita?"

Queste domande spazzarono via ogni dubbio: Anna non cercava amore, ma una sistemazione, lusso e bella vita. Ovviamente queste cose non erano alla mia portata.

"Io non voglio passare la mia vita in questo buco di paese! Non voglio!"

Dopo un attimo di silenziosa riflessione le chiesi con l'anima in tumulto: "Mi stai dicendo che per il dio denaro sei intenzionata a passare la vita con uno che non ami? Ho capito bene?"

Lei abbassò gli occhi e annuì quasi impercettibilmente. Forse era un sì.

"Lui è buono con me. Sempre gentile ed affettuoso. Mi copre di attenzioni".

"Ma lo ami o no?" la interruppi con decisione.

Dopo una manciata di secondi mi rispose: "No, non lo amo. Io amo te. Ho sempre amato te!"

"Ma allora posso sperare?" la implorai.

"No, non devi sperare. Al suo ritorno faccio le valigie e vado a vivere con lui. Ci trasferiamo nella sua tenuta in Toscana. Il prossimo mese sono previste le nozze. È già tutto stabilito".

Aggiunse una frase che mi ferì profondamente e che avrebbe potuto risparmiarsi. Ma forse la pronunciò di proposito…"

"Io non voglio essere la moglie di un contadino!"

A questo punto del racconto Massimo si incazzò di brutto e inveì all'indirizzo di Anna, tanto che Carlo fu costretto a dargli una calmata.

<Quella frase> Carlo, dopo aver ristabilito l'ordine, tornò al suo racconto <fu peggio di una pugnalata. Afferrai la portiera e tentai di scendere per andarmene, ma lei mi trattenne. Mi pregò di restare. Pieno di rabbia richiusi lo sportello, mi girai verso di lei, avvolta dal buio, ma pur sempre bellissima. Portai le mie mani sul suo viso, la attirai verso di me e la baciai con tutto l'amore che avevo nell'anima e nel corpo. Lei non provò neppure a divincolarsi, anzi: fu la notte più magica della mia vita!>

<Hai capito il vecchio porco!> esclamò Max con ammirazione <E il libro?> aggiunse dopo un po'.

<Quello viene dopo. Prima voglio dirti che ci amammo con tutta la disperazione, la tenacia e l'amore del mondo. L'universo intero si era riversato su di noi>. Carlo si arrestò un attimo. Gli sembrò di sentire ancora in bocca il sapore

di Anna.

<Ci rivestimmo. Speravo fosse ritornata sui suoi passi. Nulla di tutto questo. Guardò l'orologio: sembrava avesse fretta di gettarsi alle spalle quella serata. Il tragitto del ritorno fu di una malinconia assoluta, sapevo che non l'avrei mai più rivista. Con gli occhi velati di lacrime decisi di tacere per non tradire il mio penoso stato d'animo. Arrivammo a Pompiano, era notte fonda quando giunse accanto alla mia macchina. Cominciò a piovere. Anna, come temevo, non spense il motore.

"Allora quel che è successo poco fa non conta nulla?" chiesi. "Per tutta la vita mi porterò dentro questa notte" mi rispose prendendomi la mano, "l'ho voluto. Ti ho voluto con tutta me stessa. Ora ti prego, non rendere tutto più difficile e triste di quando non sia già".

Mi lasciò la mano, segno che voleva farmi andare. Così, senza più parole, scesi dall'auto. Stavo per chiudere la portiera quando lei mi fermò: "Aspetta! Ho una cosa per te".

Aprì il cassetto porta oggetti della macchina ed estrasse un libro che mi porse dicendo "So che ami i libri. Ti prego, accettalo. Vorrei che lo tenessi sempre con te".

Presi il libro, la ringraziai freddamente e salii in macchina. Innestando la retromarcia, diedi un rapido sguardo a lei che non si decideva ad andarsene. Stava piangendo, ne sono certo. Uscii dal parcheggio. Quando fui fermo allo stop raccolsi il libro dal sedile accanto a me. Accesi la luce per dare un'occhiata. Era Il Ritratto di Dorian Gray di Oscar Wilde. Lessi entrambe le dediche di Anna, ma ero troppo furioso, sgommai. Una volta in strada gettai il libro dal finestrino. Questo è tutto> disse Carlo, appoggiandosi allo schienale della sedia.

<Ma perché queste cose non le hai mai dette?> chiese Max un po' offeso.

<Ho fatto di tutto per dimenticare. Parlarne non avrebbe certamente giovato allo scopo, non ti pare?>

<Forse hai ragione> acconsentì il barista.

<È molto curioso che dopo tanto tempo questo volume sia tornato da te. Assomiglia alla trama di un giallo!> Massimo aveva capito e condiviso la curiosità di Carlo, che domandò <Allora, cosa dici?>

<Dico che hai ragione, ragazzo>.

<Ragione su cosa?>

<Dobbiamo cercare quella donna! Se ti ha fatto riavere il libro, significa che da qualche parte, là fuori, ti sta aspettando>.

Come al solito Max gli aveva letto nel pensiero e come al solito Carlo finse di non capire.

<Sono passati trent'anni: dove andiamo a cercarla? Abbiamo solo questo libro in mano,

più la fugace apparizione di una ragazza che, praticamente, non ha parlato>.

<Ricordati che sono nato prima di te, ragazzo. Lasciami fare. Chiederò informazioni a tutti i miei clienti che come noi hanno conosciuto Anna. Andrò in comune a farmi dare i nominativi di tutte le persone nate più o meno nel nostro periodo. A chi non vive più a Pompiano faremo una telefonata. Vedrai che qualcosa salta fuori!>

<Lei quella lontanissima sera mi disse che da lì a pochi giorni si sarebbe trasferita in Toscana, senza specificare la località esatta. Questa è la mia ultima informazione: un po' poco direi!> disse Carlo ripensando a quella sera.

<Se solo avessi fatto qualche domanda a quella tipa...> riflettè ad alta voce Max, rammaricato.

<Be', ormai è tardi per le recriminazioni. Lei chissà dov'è? E noi siamo fermi al palo>.

Mancava poco a mezzogiorno e Carlo si alzò, finì la sua birra, riprese il suo libro e disse all'amico: <Bene, ora vado a mangiare qualcosa e poi filo dritto al mio lavoro. Max, mi sei stato di grande aiuto. Grazie, sei un vero amico>.

Ascoltando queste parole Massimo quasi si commosse. Rispose subito per dissimulare la sua emozione: <Non preoccuparti, ragazzo, vedrai che la troveremo. Con tutte le persone che

frequentano questo posto, vuoi che non ci sia qualcuno che sa qualcosa? La scoveremo! Garantito!>

Ovviamente non cavarono un ragno dal buco, malgrado l'impegno e la tenacia profusi, il loro lavoro di investigazione risultò quanto mai approssimativo e campato in aria.

Stilarono liste, domandarono a tutti i clienti di Max, telefonarono a persone lontane dal paese ormai da anni ricevendo risposte a volte gentili, a volte molto sgarbate. I risultati che i due amici auspicavano non si videro.

Soltanto una donna che fu loro compagna di classe ricordò che nel 1989 Anna tornò a Pompiano per presenziare al funerale del padre. Si trattenne in paese per qualche giorno, il tempo di sbrigare tutte le pratiche del caso, poi ripartì portando con sé la madre.

In quei giorni non si vide mai in giro, non parlò con nessuno e poi purtroppo se ne andò senza salutare nessuno.

La loro inchiesta risultò un fallimento totale, ma ebbe un risvolto positivo. Max e Carlo grazie a questa bizzarra iniziativa, erano di nuovo una squadra affiatata: sembravano tornati ai tempi dei pantaloni corti. Erano così presi da questa impresa che quasi avevano dimenticato i loro affari privati.

In un batter d'occhio il feeling smarrito nel labirinto della quotidianità aveva ripreso il suo vigore. Anche la moglie di Massimo notò il cambiamento del consorte. Da secoli non vedeva il marito così pieno di entusiasmo. Decise di perdonare le sue improvvise mancanze e di chiudere un occhio sulle distrazioni che si verificavano nella gestione del bar di famiglia. Ne parlò con il figlio, il quale disse che avrebbe sopperito temporaneamente alle mancanze del padre.

Da parte sua, Carlo, si ritrovò improvvisamente irradiato da una speranza del tutto inattesa fino a qualche giorno prima. Per la verità sapeva benissimo che si trattava di una speranza ridotta al lumicino, ma tanto bastava a fargli sentire i brividi lungo la schiena ogni volta che ci pensava.

Anna, come disse lo stesso Massimo, era là fuori e forse lo stava cercando e anche se c'era sempre quel "forse" di mezzo, be', lui si sentiva felice comunque. Non pretendeva nulla di più, solo una piccola fiammella di speranza che sì, è vero, poteva spegnersi al primo alito di vento, ma poteva pure continuare ad illuminargli l'anima.

Passò qualche settimana e di passi avanti non ce ne furono proprio, manco uno. Anzi si può serenamente dire che dopo l'entusiasmo iniziale, dopo tutte le buone intenzioni, le discussioni e le telefonate ad ogni ora del giorno e della notte, l'intera faccenda stava lentamente rientrando nei ranghi della normalità. I due amici, pur non volendo ammetterlo apertamente, si stavano convincendo di aver creato una tempesta in un bicchier d'acqua. Insomma, per farla breve, avevano lavorato troppo di fantasia.

Una sera, un sabato sera, probabilmente con l'aiuto di qualche birra, si spinsero fino a ridere delle loro fantasie e a prendersi beffa di alcune testimonianze emerse nel corso dell'inchiesta. Un tipo infatti giurò che Anna si era fatta suora e che in quel preciso istante prestava la sua pia opera in una missione dell'Amazzonia. Un altro, dall'aria piuttosto malconcia, sostenne invece di averla individuata e riconosciuta chiaramente come protagonista di un film proiettato il giovedì sera nel cinema "Concordia" di Orzinuovi.

Massimo e Carlo sapevano bene che genere di film erano in programmazione in quegli anni, il giovedì, al Concordia. Ringraziarono il loro poco attendibile testimone offrendogli l'ennesimo bianchino, che fu deglutito con grande prontezza e solennità.

Contro l'inesorabile incedere del tempo, non disponevano di alcuna protezione. Furono nuovamente risucchiati dalla vita di tutti i giorni.

Festeggiarono insieme il Natale ed il Capodanno. Grazie ai fatti avvenuti in quell'autunno la loro amicizia era tornata solida come un tempo. Ma ormai quasi non pensavano più a ritrovare Anna.

La primavera alle porte, portò con sé un mucchio di lavoro per Carlo: la preparazione e la concimatura dei campi lo tenevano impegnato dal buio dell'alba al buio del tramonto.

L'uomo amava molto la solitaria tranquillità di quegli spazi immensi, nei quali si sentiva libero, felice, in pace con il mondo. Nelle giornate di sole, a mezzogiorno non andava a casa, preferiva consumare la sua pausa pranzo seduto sotto un albero oppure in riva ad un torrente. Senza cibo, si nutriva del silenzio della natura o del dolce mormorio dell'acqua che, scorrendo placida, gli rasserenava l'anima. Un pomeriggio di marzo, illuminato da un sole tiepido, Carlo stava spargendo letame con il suo trattore su di un campo che di lì a poco avrebbe arato. Ogni volta che svolgeva questo compito, non poteva non pensare ad Artemio, il protagonista del film "Il ragazzo di campagna". Ricordava infatti la scena in cui il protagonista si lamentava così: "Prima carico il letame, poi spargo il letame, praticamente oggi è una giornata di merda". Carlo, tra sé, rideva sempre ripensandoci. Comunque, giornata di merda o no, stava completando il penultimo giro quando sentì la vibrazione del cellulare nel taschino della camicia. Fermò il bestione che stava guidando ed estrasse il telefono dalla tasca. Ancora una volta sul display comparve il nome di Max.

<Ciao Massimo, dimmi> rispose Carlo con voce squillante. Dall'altra parte la voce dell'amico risultò estremamente concitata. Con i piedi appoggiati al volante Carlo capì che qualcosa stava succedendo.

<Non ci crederai! Reggiti forte ragazzo. C'è una grande novità!> disse il barista quasi urlando. Carlo, temendo che il suo amico ricominciasse a pigliarlo per i fondelli, mise da parte la diplomazia e sbottò: <Dimmela subito o chiudo la telefonata!>

<È qui Carlo! Lei è qui! È venuta ancora a cercarti!>

Carlo, colto di sorpresa, per qualche secondo non seppe cosa dire. Si grattò il mento e cominciò a sudare.

<Oh, ragazzo! Ci sei ancora?> riprese Max. <Ti ho detto che è qui nel mio bar! Oh Carlo… è bellissima!>

Carlo si riprese, scrollò via ogni timore. <Puoi trattenerla fino al mio arrivo?>

<Non c'è nessun bisogno di trattenerla: lei stessa mi ha detto che non se ne va fino a che

non ti ha parlato. Rimarrà a cena qui nel mio bar. Angela sta preparando le sue meravigliose lasagne!>

<Ottimo> rispose Carlo un po' spaventato dall'evento improvviso. <Arrivo appena posso. Ma sono invitato anche io a cena?>

<Sarà una serata memorabile ragazzo! Lascia fare a me. Tu preparati con calma. Tanto la tipa non va via prima di averti parlato>. Il barista riattaccò senza tanti complimenti. Aveva una serata da organizzare: non era il caso di perdere tempo in convenevoli.

Fortuna volle che quello fosse il giorno di chiusura del bar. Avrebbero avuto il locale a loro completa disposizione. Quella sera avrebbe avuto notizie di Anna, ne era certo. Fu una gioia insensata ad impadronirsi di lui che lanciò il cellulare sul cruscotto del trattore, spalancò lo sportello e con un balzo si lanciò fuori dalla cabina urlando la sua felicità. Purtroppo però, aveva dimenticato cosa stava spargendo e si ritrovò con i piedi affondati fino alle caviglie nel letame. <Merda!> imprecò Carlo. Era proprio il caso di dirlo.

Si ripulì in fretta i piedi, risalì in cabina e terminò il suo lavoro senza più pensare a niente. Sapeva che quella sera avrebbe, forse, avuto le risposte che cercava da mesi. Questo lo rendeva tremendamente inquieto e preoccupato. Tuttavia non vedeva l'ora di conoscere la misteriosa ragazza.

Rientrò in azienda, depositò il trattore. Inforcò la bicicletta e salutò i colleghi velocemente. Quindi si lanciò alla volta di Pompiano.

Le diciannove. In casa era tutto a posto, tutto in ordine. Carlo era pronto, pulito, rasato di fresco e profumato. Non c'era nessun motivo per trattenersi ancora. Eppure esitava. La tensione gli giocava brutti scherzi inducendolo a trovare mille scuse per non uscire. Prima spostò una sedia che era sempre stata dove si trovava, poi controllò la caldaia, cosa che non faceva mai. Tutto per ritardare il grande momento.

Come al solito fu Max a ricondurlo sulla retta via. Nel taschino interno della sua giacca il telefono squillò. Carlo rispose senza guardare il display: sapeva che si trattava del suo amico.

<Dove sei ragazzo? Qui è tutto pronto. Vuoi che ti passi la Sara?>

"La Sara? E chi sarebbe la Sara?" pensò Carlo; poi rassicurò l'amico: <Sto arrivando. Due minuti e sono da voi!>

Pose fine alla chiamata e per non apparire ridicolo ai suoi stessi occhi, uscì di casa senza perdere più neanche un secondo. Trovando la saracinesca del bar abbassata, Carlo dovette passare dal retro, dove fu accolto da Angela che lo accompagnò nel bar deserto.

Carlo si trovò di fronte ad un'atmosfera surreale: la sala infatti era completamente priva di vita, mentre lui era abituato a vederla brulicante di gente rumorosa. Tutti i tavolini erano scomparsi ed il locale sembrava ancora più grande. Proprio al centro di quello spazio campeggiava un'enorme tavola, riccamente preparata e addobbata, quasi dovesse svolgersi una cena da vigilia di Natale.

Carlo ne fu ammirato e commosso: il suo amico stava facendo le cose in grande.

Rapito ed estasiato dalla sfarzosità della tavola, sobbalzò udendo una voce alle sue spalle. Si girò di scatto e vide Massimo dietro al bancone in compagnia di una splendida ragazza. Certamente si trattava di Sara. Era molto alta, bionda, gli occhi color nocciola, un nasino piccolo e proporzionato. La sua bocca era un'opera d'arte. Le sue labbra carnose e sensuali provocavano turbamento a chiunque le guardasse. Vestiva in maniera molto ricercata, conscia della propria bellezza. Ostentava un modo di fare sicuro, educato e di gran classe. A proposito di classe, Carlo auspicò dentro di sé di non fare troppe figuracce, visto che, quanto a bon ton, lui e Max erano veramente messi male!

Mise da parte ogni timidezza e senza tentennamenti si diresse verso di loro protendendo la mano. Salutò la ragazza con calore stringendole la mano, vigorosamente.

<Finalmente riesco a conoscerla, signor Carlo. Non può immaginare quante volte abbiamo parlato di lei> lo salutò Sara, sorridendo cordialmente. Carlo da parte sua si stupì di queste parole, che aumentarono ulteriormente la sua curiosità.

<Hanno parlato di me...> pensò <che sia Anna la persona con cui ne ha parlato?> fece per rivolgere a Sara questa domanda, ma non gli riuscì neppure di aprir bocca. Max troncò sul nascere la conversazione tra i due annunciando l'arrivo delle lasagne.

<Prego ragazzi, è pronto! Tutti a tavola!>

Nel medesimo tempo, dalla cucina, fece capolino Angela con un'enorme teglia fumante. Mentre la moglie del barista riempiva i piatti, Max stappò una bottiglia di ottimo vino bianco, il loro preferito. Lo versò nei calici e si accomodò al suo posto cominciando a mangiare.

I secondi di silenzio furono pochi, giusto il tempo di gustare la bontà del cibo. Poi, visto che Carlo esitava, fu il suo amico a portare la serata nella direzione che tutti attendevano. La curiosità era tanta.

<Bene Sara> esordì dopo essersi pulito la bocca con il tovagliolo <il nostro Carlo stasera è piuttosto timido, ma ti garantisco che sta morendo di curiosità come me, del resto. E pure

Angela...>

<Avete pienamente ragione, vi devo delle spiegazioni. Sono qui per questo!>

Carlo a quel punto, non resisteva più: <Ti prego, Sara, racconta la tua storia, la storia di quel libro. Ma com'è finito nelle tue mani?>

Sara iniziò il suo racconto:<Bene, signori, io sono la figlia di Anna>. Inutile dire che la notizia gettò i tre amici nel panico più completo, Carlo addirittura rischiò di spruzzare tutti con il vino che stava bevendo.

<La figlia di Anna?!?> domandò mezzo soffocato, come se avesse preso un calcio nello stomaco.

<Non ci posso credere, la figlia di Anna> ripeté Max anche lui incredulo e ansioso.

<Basta interruzioni> sbottò Angela seccata dai continui interventi dei due amici <Ti prego continua, le domande le riserviamo per dopo> cercò di mediare la donna rivolta a Sara, che continuò a parlare.

<Se sono arrivata fino qui, lo devo a quel libro, ho scoperto tutto proprio notando il morboso attaccamento di mia madre a quel libro. Era la sua ossessione. Se lo portava sempre appresso. A volte la osservavo di nascosto, la vedevo rileggere le parole scritte a penna, le toccava con le dita e piangeva, da sola, in silenzio, io non sapevo cosa fare, ma capii che la storia di

quel volume era un pezzo della vita passata di mia madre. Un pezzo molto, molto importante>.

Max e Carlo si guardarono, ma decisero di rispettare il silenzio imposto da Angela, e la ragazza continuò a parlare.

<Io e mio fratello… >

Fu Angela questa volta a rompere il patto che lei stessa aveva stabilito: <Hai detto: tuo fratello?> chiese.

<Si, ho un fratello più grande, Carlo, proprio come lei> disse rivolgendosi a Carlo.

<Ha trent'anni e da circa dieci lavora con mio padre, ragion per cui, non lo vedo mai: sempre in giro per il mondo. Io e mio fratello, siamo cresciuti in una splendida villa sul lago di Garda, immersa nel verde che si tuffava nelle acque del lago. Dal punto di vista materiale, non posso certo lamentarmi della mia infanzia, nè della mia adolescenza. Non ci mancava niente, era sufficiente esprimere un desiderio e subito eravamo accontentati, senza se e senza ma. Le migliori scuole, i giocattoli più costosi, le vacanze più esclusive. Sì perché nella mia famiglia tutto girava intorno ad un unico concetto: il denaro, la ricchezza. Per i miei genitori era sempre e soltanto una questione di soldi. Bastava pagare e potevi avere il mondo ai tuoi piedi… questo credevano loro… ma io mi resi conto molto

presto che i soldi non avevano saputo darmi dei genitori!>

Sara pronunciò l'ultima frase con un leggero tremolio nella voce.

<Naturalmente, coprendoci d'oro, credevano di svolgere il loro lavoro educativo nel migliore dei modi, ma l'errore che stavano commettendo era giorno dopo giorno sempre più evidente ai nostri occhi di figli che stavano crescendo. Così, tra una cena di lavoro, una festa da amici, un viaggio di affari e tutte le mondanità che caratterizzano le vite dei ricchi, di tempo per i figli non ce n'era mai, e noi ci rassegnammo a chiedere aiuto alla servitù nei momenti di difficoltà>.

Sara, rapita da quei ricordi, assunse un'aria molto triste.

<Più di una volta mi svegliai, di notte, sentendo il rumore dell'automobile di mio padre. Scendevo dal letto felice per salutare la mamma e mi trovavo di fronte a un fantasma barcollante, che nemmeno mi riconosceva, con l'anima affranta mi ritiravo in camera mia e piangevo fino all'alba>.

Max e Carlo si lanciarono un'occhiata, nell'aria si percepiva un'atmosfera malinconica.

<Con il passare degli anni> Sara riprese a tessere il filo dei ricordi <le cose cambiarono lentamente, ma inesorabilmente; mio fratello, terminati gli studi, affiancò mio padre nel suo

lavoro… fu così che persi pure lui… ma il cambiamento più significativo si verificò nei rapporti tra i miei genitori. L'armonia di un tempo non c'era più, mio padre, al contrario di prima, preferiva fare i viaggi di lavoro da solo, quando era a casa usciva da solo, poi piano piano iniziò a rientrare in compagnia di una ragazza molto più giovane di lui>.

Sara bevve un sorso d'acqua.

<La mamma invece per un certo periodo continuò la vita di sempre… senza papà… ma gli amici di prima c'erano ancora, le solite cene, i soliti locali… purtroppo le solite bevute>.

A questo punto del racconto, Sara, chiese di poter andare in bagno, aveva bisogno di rinfrescarsi un po'. Approfittando della pausa, Massimo, lesto lesto si alzò e andò a stappare una bottiglia di prosecco gelata al punto giusto, la portò in tavola e riempì il bicchiere di Carlo e il suo.

<Avete sentito che ha detto?> disse Carlo a voce bassa, per non farsi sentire da Sara.

<Le solite bevute, ha detto>.

<Anna un'ubriacona? Non ci credo> mormorò Angela, mentre suo marito sorseggiava in silenzio e con evidente piacere il suo vino.

Sara tornò a tavola e scusandosi riprese il suo posto e la sua storia.

<Be', poi arrivò il giorno da me, come figlia,

tanto temuto, anche se sapevo che la brutta notizia era nell'aria. Mio padre annunciò a tutti noi che avrebbe chiesto il divorzio, voleva vivere liberamente la sua nuova storia d'amore. Promise a mia madre che non l'avrebbe abbandonata del tutto, il suo sostegno finanziario non sarebbe mai mancato. Nel giro di pochi giorni, papà fece le valige e si trasferì nella sua tenuta in Toscana, quella che fu il primo nido d'amore dei miei genitori.

La partenza di mio padre, sembrò non aver causato particolari traumi nella vita di mamma, tutto sembrava continuare come prima, e come prima lei continuava a non accorgersi di me. Senza mio padre al suo fianco, il declino di mamma fu velocissimo, senza il potere del marito gli "amici" cominciarono a metterla da parte e in breve tempo si sentì un'intrusa in quell'ambiente, così il demonio che dimorava dentro di lei prese il sopravvento, iniziando la sua opera di distruzione: sto parlando dell'alcool. Senza papà e, troppo spesso ubriaca, incominciò a precipitare sempre più velocemente>.

Calò un improvviso silenzio, che i due amici decisero di rispettare, le lacrime che rigavano il volto di Sara richiedevano questo.

<Avevo diciannove anni all'epoca, avevo appena conseguito il diploma, decisi di non conti-

nuare gli studi, l'università mi avrebbe di nuovo allontanato dalla mamma, mentre io volevo aiutarla, la volevo finalmente con me e vivere per la prima volta il rapporto madre-figlia. Una bella e calda sera di giugno telefonai a papà, gli spiegai le mie intenzioni e le mie ragioni, lui fu molto comprensivo, mi disse che ero da lodare e per questo mi avrebbe pure trovato un lavoro, se ne avessi avuto bisogno. Da quella sera, iniziò ufficialmente la marcia di avvicinamento al cuore di mia madre. Marcia che mi ha portato fino a voi>.

Carlo controllò l'ora, quasi le ventuno e trenta, annunciò ai presenti che aveva bisogno di un po' d'aria fresca, si scusò alzandosi, e uscì dal locale.

Era una magnifica serata, fredda e limpida, il cielo era stellato e Carlo, che con le mani affondate nelle tasche dei pantaloni, stava a naso in su a scrutare il firmamento, non sentì i passi di Sara che si stava avvicinando.

<Anch'io amo guardare le stelle> disse la ragazza tanto per rompere il ghiaccio.

L'uomo sussultò, ma si riprese subito.

<Come sta Anna?> chiese a bruciapelo con un tono grave nella voce. Delle stelle, avrebbero parlato un altro giorno.

<Signor Carlo, mia madre sta male, ha bisogno di aiuto. Io da sola ormai non basto più. Ce

l'ho messa tutta, per starle vicino ho abbandonato gli studi, ho vegliato sulle sue notti piene di incubi, l'ho amata con tutto l'amore possibile e anche di più, l'ho curata, trascinata fuori di casa per farla distrarre un po'. All'inizio le mie cure e le mie attenzioni diedero risultati molto incoraggianti. Sembrava si stesse riprendendo. Ricominciò a mangiare con regolarità, a dormire sonni più tranquilli. La vedevo più allegra, io ero felice e fiera di me stessa. Poi piano piano riprese il declino: lentamente tornò triste e depressa forse più di prima. Tornarono gli spettri ad agitare le sue nottate. Al mattino si svegliava sempre di pessimo umore e mi maltrattava>.

Carlo ascoltava in silenzio il triste resoconto di Sara.

<Un giorno inciampò nel tappeto e cadde rovinosamente a terra. Io mi precipitai per risollevarla e chinandomi su di lei fui investita da un disgustoso puzzo di alcool. Mi cadde il mondo addosso. La verità mi travolse come una frana: mamma era ricaduta nell'abbraccio mortale dell'alcool. Fu così che ricominciò il mio calvario> la voce di Sara si incrinò. I suoi occhi si riempirono di lacrime. Carlo le si avvicinò e le pose un braccio sulle spalle.

<Su, non piangere, ci siamo noi ora e vedrai che ti aiuteremo. Non preoccuparti>.

Stettero un attimo in silenzio. Lei si asciugò

gli occhi e quando si sentì pronta, proseguì.

<Mi arrabbiai molto con mio padre che ci aveva abbandonate con la debolezza di mamma e soprattutto con me stessa, che non ero stata sufficientemente vigile. Mamma me l'aveva fatta proprio sotto il naso. Infuriata perquisii casa da cima a fondo, alla ricerca della sua droga. Trovai due bottiglie di cognac ben nascoste nell'armadio della sua camera da letto. Fu durante le ricerche che notai il volume di Oscar Wilde>.

Da un orto vicino un cane cominciò ad abbaiare, imitato in breve tempo da altri cani nelle vicinanze. Carlo, infastidito dai latrati ed infreddolito, propose a Sara di rientrare, anche perché non gli sembrava corretto escludere Angela e Massimo dalla conversazione. Dentro che furono, trovarono la tavola sparecchiata e i due coniugi indaffarati a disporre biscotti e dolciumi su di un vassoio, in attesa di poter preparare il caffè.

<Max, ti prego, hai già fatto tanto> disse Carlo imbarazzato dalla gentilezza del suo amico.

<Zitto, siediti. Ora ci prendiamo un bel caffè e poi c'è una bottiglia di quello buono che aspetta nel ghiaccio. Su, sedetevi, provate questi biscotti: sono ottimi!>

Sara e Carlo obbedirono, riconoscenti.

<Immagino che avrai chiesto alla mamma spiegazioni in merito al libro. Che ti ha risposto lei?> domandò Carlo incuriosito, sgranocchiando un biscottino.

<Non affrontai subito l'argomento. Prima volli farle capire che non volevo più essere presa in giro. Le annunciai la mia intenzione di parlare con papà>. Tacque un istante ripensando a quei momenti. <Lei ovviamente reagì molto male a questa notizia. Con violenza inaspettata spaccò tutto ciò che riuscì a rompere in camera sua e alla fine si addormentò pesantemente sul letto. Mentre seduta accanto a lei la vegliavo, mi resi conto che da sola non ce la potevo fare. Non c'erano dubbi: dovevo chiamare mio papà!>

<Sei una brava ragazza> disse Carlo con ammirazione.

<La conversazione con mio padre mi lasciò molto perplessa: era deciso e disponibile ad aiutarmi certo, ma mi insospettì il fatto che mi era parso fin troppo disponibile. Francamente ebbi la sensazione che non vedesse l'ora di sloggiare mamma dalla sua villa sul lago. Sta di fatto che nel giro di qualche giorno mi trovai in mano un indirizzo: il recapito di una clinica specializzata nel recupero di persone dipendenti dall'alcool. Io dovevo solo decidere quando, per il resto, papà aveva già provveduto alla prenotazione e

al pagamento>.

Come dirlo alla mamma? Questo era il punto critico della questione. Vivevo nel dubbio e nell'incertezza più assoluti. Intanto lei peggiorò sempre più, era sempre più depressa e triste. Un giorno la vidi in giardino seduta all'ombra di un ulivo. Piangeva sommessamente e accarezzava quel volume. Decisi che non potevo più aspettare. Mi sedetti accanto a lei e le spiegai il problema senza esitare più. Le chiesi di parlarmi di quel libro>.

Carlo e i due coniugi ascoltavano, rapiti, le parole di Sara, nel bar non volava una mosca. <Lei mi guardò, mi sorrise, e mi chiese come sapevo di quel volume. Le risposi che lo avevo notato da tempo, che le dediche scritte a penna mi avevano colpito molto. Fu così che la mamma mi svelò una parte della sua vita che io ignoravo totalmente: mi parlò di una vita fatta di cose semplici, di persone genuine e sincere, che si accontentavano di poco ed erano ugualmente felici. Mi parlò di lei, signor Carlo>.

Con il cuore che gli martellava nel petto e con la voce tremante, Carlo volle sapere cosa disse Anna di lui.

<Prima di rispondere> disse Sara <vorrei dirle che quando mi parlò di lei, assunse un'aria sognante, serena, come se il suo ricordo la facesse sentire meglio, e io sono certa che era

proprio così, parlava di lei sorridendo>.

Anche Max, complice l'ottimo vinello, pensava a quei tempi con un sorriso beato stampato in volto.

<Mi parlò di un ragazzo buono, leale e sincero, un ragazzo con cui era stata molto felice. Mi descrisse i progetti che insieme facevate, dei vostri sogni ad occhi aperti, poi rattristandosi mi disse di come le cose, per colpa della sua sfrenata ambizione, andarono a rotoli>.

<Sì, mi ricordo, mi ricordo molto bene. Non voleva essere la moglie di un contadino> disse Carlo amareggiato.

<Esattamente> confermò Sara.

<Quando mi resi conto che la mamma provava grande nostalgia per quei tempi e per lei> proseguì <decisi di spingere il discorso in quella direzione: venni così a sapere che da quando se ne andò, non volle sapere più nulla del suo paese, anzi, grazie alla vita frenetica che conduceva le fu molto facile cancellare ogni ricordo. Ma non fu mai in grado di eliminare il ricordo di voi due. Mi parlò della vostra ultima sera, delle sue lacrime quando lei, signor Carlo, se ne andò dal parcheggio e pochi metri più in là, gettò il libro dal finestrino>.

Carlo, commosso ed emozionato, fu trascinato nel vortice dei ricordi: aveva una gran voglia di piangere.

<Cosa ti ha detto di quella sera?> chiese.

<Non è entrata nei particolari> rispose Sara arrossendo <so solo che le parlò della sua imminente partenza e del suo matrimonio>.

Angela intuendo che la chiacchierata si stava esaurendo, che ormai quasi tutto era chiarito, decise di intervenire, per dare concretezza a tutte quelle parole.

Chiese con tono diretto, quasi brutale: <Ma tua mamma, in questo preciso momento dove si trova?>

La ragazza guardò Angela con gratitudine per la sua domanda: <Poco fa vi ho parlato di una clinica-comunità. Bene, in questo periodo la mamma è ricoverata in questo posto, sta seguendo un percorso di riabilitazione per disintossicarsi dall'alcool. Sono certa che se doveste andare a trovarla, sarebbe molto felice, e il suo morale ne trarrebbe grande giovamento>.

Pronunciò queste parole in un solo fiato, in fondo aveva cercato Carlo proprio per questo: convincerlo ad incontrare Anna.

Un meditabondo silenzio dominò incontrastato i secondi che seguirono, ognuno dei quattro si immerse nelle proprie riflessioni. Max pensava tamburellando con le dita sul tavolo. Lui aveva già capito quale fosse la soluzione giusta. <Penso che non ci sia un'altra strada> disse improvvisamente, mentre Carlo lo guardava come se il suo amico fosse impazzito.

<Un'altra strada per dove?> chiese Carlo.

<Non fare lo gnorri, ragazzo, dobbiamo andare a trovare Anna>.

Il volto di Sara si illuminò di colpo e, salvo sorprese dell'ultimo secondo, il suo scopo era raggiunto.

<Sarebbe fantastico> esultò raggiante la ragazza.

<D'accordo ma, come?>

<Carlo, so benissimo che non vedi l'ora! Ti prego di non fare il bambino! Adesso te lo spiego io il "come" e anche il perché, se vuoi! Tutto molto semplice, ci si organizza, Sara ci fornirà l'indirizzo e nel giro di pochi giorni si va da Anna. Ripeto: tutto molto semplice>.

La risolutezza e il decisionismo di Max avevano sempre la meglio.

<Sì, hai ragione, però mi devi promettere che verrai con me> disse Carlo.

<Anch'io ho voglia di rivederla, cosa credi?> rispose il barista. Mentre Sara ascoltava lo scambio di battute dei due amici, fu invasa da un moto d'affetto per quei vecchi tromboni. Fu felice di averli dalla sua parte.

Carlo varcò la soglia di casa sua quasi a mezzanotte. Voglia di dormire non ne aveva, non ancora almeno. Preparò un caffè e si sedette al tavolo della cucina, aveva intenzione di mettere in ordine i pensieri e di fare il punto della situazione.

Ripensò agli ultimi accordi presi con Sara, che pochi minuti prima era salita in macchina per tornarsene a casa.

La ragazza avrebbe passato le ore successive a preparare il "terreno" sotto i piedi della mamma, le avrebbe parlato, con la dovuta cautela, dopo, al momento giusto, avrebbe comunicato ai due amici l'indirizzo per raggiungere Anna.

<Già sembra tutto molto semplice> pensò Carlo sorseggiando il suo caffè.

Dopo tanti anni di oblio, ritrovarsela lì a portata di mano senza aver fatto nulla, lo rendeva molto nervoso e sospettoso, ma non vedeva l'ora di poterla rivedere.

Una certa tensione emotiva gli opprimeva lo stomaco, ma non era il caso di pensarci troppo, doveva solo utilizzare il tempo che gli restava per prepararsi al meglio… Psicologicamente.

Quella notte Carlo, dormì molto poco.

Sara rincasò alle due del mattino, chiuse a chiave la porta, gettò la borsetta sul divano, andò in bagno e si preparò per la notte. Si sentiva felice, quei tre nuovi amici, disponibili ad aiutarla le infondevano coraggio e fiducia.

Quella notte Sara dormì serena.

Max e Angela, con la complicità del vino bevuto durante la serata, fecero l'amore, per un paio d'ore erano tornati i fidanzatini di un tempo: indubbiamente rivivere quella stagione lontana, aveva giocato a loro favore.

Si addormentarono appagati e stretti in un tenero abbraccio.

Anna invece come al solito, si rigirava nel letto, come al solito, le medicine assunte prima di coricarsi non avevano sortito effetto.

Quella maledetta voglia di un "goccetto" non la abbandonava mai, soprattutto di notte.

Sara si svegliò prestissimo e, alla faccia delle poche ore dormite, si sentiva piena di energia positiva. Un bel mattino sereno annunciava l'imminente comparsa del sole e anche questo contribuiva a darle buonumore.

Andò in cucina a prepararsi la colazione: questi piccoli gesti quotidiani le regalavano un piacere irrinunciabile.

Da quando, qualche mese prima, si era trasferita in quel piccolo appartamento, niente più camerieri, doveva arrangiarsi ora e questo la faceva sentire più indipendente e padrona di sé.

In quella casa, regalatale dal padre, desideroso di vivere in villa solo con la nuova fidanzata, c'era pure una camera da letto, per la mamma, che, non appena dimessa, avrebbe vissuto insieme alla figlia. O almeno questi erano i progetti di Sara.

Naturalmente ci sarebbero stati un sacco di problemi da risolvere, primo fra tutti, lasciare sola in casa mamma per tante ore, tutti i giorni, visto che adesso aveva un lavoro. Questa era la preoccupazione principale della figlia, ma ci avrebbe pensato a tempo debito.

Consumò con calma la sua colazione, mise la tazza sporca nel lavello e andò in bagno a lavarsi i denti, fece la doccia e si vestì per uscire.

Non aveva voglia di perdere tempo: nemmeno un minuto.

Montando in macchina, le venne da pensare ai mille vantaggi che si possono avere con un padre ricco e potente come il suo: anche l'automobile era un regalo del genitore.

<Un giorno ce la farò da sola> pensò la ragazza, per il momento comunque, andava benissimo così.

Percorse i pochi chilometri che separavano la sua nuova casa dalla clinica in pochi minuti, parcheggiò e varcò il cancello che dava sul viale ricoperto di ghiaia e che conduceva dritto all'entrata principale.

Era ancora molto presto, ma Sara sapeva benissimo che nessuno avrebbe fatto storie: in quella clinica gli orari erano molto flessibili e poi con quello che sborsava suo padre, voleva proprio vedere se qualcuno aveva il coraggio di piantar grane...

La camera di sua madre era vuota, Sara bussò alla porta del bagno, non ottenendo risposta aprì la porta con cautela. In bagno non c'era nessuno.

La ragazza capì che Anna in quel momento stava facendo colazione.

Percorse il lungo corridoio pieno di porte su entrambi i lati e giunse in fondo dove una vetrata la separava dalla mensa.

Sbirciò attraverso il vetro e vide la madre che stava sorseggiando del the da una tazza che reggeva con la mano, mentre con l'altra sfogliava una rivista.

Sara si fece avanti, passando tra i tavoli, quasi tutti occupati da persone in pigiama. Qualche "buongiorno" e prese posto accanto alla mamma.

<Ciao mamma> disse sorridendo <come stai oggi?>

<Non dovresti essere al lavoro?> rispose la donna, sinceramente felice per quella visita inaspettata.

<Oggi comincio più tardi, sono venuta così presto perché ho una cosa molto importante da dirti> le annunciò Sara con decisione.

<Bene, non ho nessun impegno, sono tutt'orecchi> rispose Anna posando la tazza e chiudendo la rivista.

<Ieri ho visto il signor Carlo>. Andò dritta al

dunque, senza tanti complimenti. Del resto non aveva nessuna voglia di girare intorno alla questione.

Il sorriso di Anna si spense di colpo, sembrò impallidire, di sicuro la notizia la colpì come un pugno improvviso. Appoggiò i gomiti sul tavolo, come se cercasse un sostegno, poi la invitò: <Vai avanti>.

<Sì. Dunque... Comincerò col dirti che il libro che ti chiesi in prestito non ce l'ho più>.

Anna ascoltava.

<Non so se ho fatto bene oppure no a prendere questa iniziativa senza parlarne prima con te, ma vedi, quando mi hai messo al corrente della tua vita prematrimoniale, ho capito. Mamma... perdonami, non voglio giudicarti ma... non è facile da dire.

Ecco... quello che hai fatto è stato veramente poco carino, concedimelo. Soprattutto adesso che conosco il signor Carlo. Lasciare una persona così per una sistemazione ricca e stabile, che però è durata il tempo che è durata! Lo sai anche tu!>.

La donna abbassò lo sguardo e arrossì vistosamente, ma Sara non si fece intenerire, continuò a parlare sapendo di aver colpito nel segno.

<Ora ti spiego tutto. A quanto pare ultimamente devo spiegazioni a tutti!> disse allegramente tanto per stemperare la tensione creatasi

tra lei e la sua amata mamma.

<Ricordi vero, quando mi parlasti della tua gioventù?> Anna annuì.

<Bene, il tuo racconto mi lasciò una grande amarezza dentro, ero molto, molto delusa dal tuo comportamento, scusami, so che non spetta a me giudicare, ma non posso non esprimerti i miei sentimenti. Tuttavia mi risultò chiaro ed evidente che il grande, unico, amore della tua vita non fu papà".

Anna, sempre con la testa bassa, sembrò voler parlare, ma la voce rimase nello stomaco. <L'uomo che amavi, e che ami ancora, è Carlo>.

<Carlo> ripeté Anna quasi assaporando questa parola.

<Si, Carlo. Ho deciso, dopo un' attenta riflessione, di contattarlo e così sulla base di ciò che mi raccontasti, non mi fu difficile raccogliere indizi per arrivare fino a lui. Da quelle parti tutto è ancora come hai descritto tu, ma la cosa che più mi ha facilitato nella ricerca è stata il bar del suo amico: trovato il bar, trovato Carlo!>

Sara allungò la mano e accarezzò quella della madre, visibilmente emozionata.

<La prima volta una sera, mi presento nel locale, era pieno di gente. Io ero presa da un'agitazione incredibile tanto che mollai il libro nelle mani del barista e tagliai la corda in men

che non si dica. Comunque il libro lo consegnai, sperando che, spinto dalla curiosità ti avrebbe cercato. Cosa che, per la verità hanno fatto, ma come investigatori quei tre non valgono niente!>

<Tre?> chiese Anna incuriosita. <Quante persone sono?>

<Carlo, Massimo e sua moglie Angela> rispose Sara.

Anna, udendo i nomi dei tre amici, fu investita da un'ondata di nostalgica tenerezza e con un sorriso sincero sulle labbra si abbandonò contro lo schienale della sedia, in attesa delle parole di sua figlia.

<Ieri sera abbiamo cenato tutti e quattro a casa, o meglio, nel bar di Massimo, una serata molto piacevole. Mamma, davvero, sono persone straordinarie. Ho parlato loro di te, e mi hanno raccontato dei vostri tempi andati, insomma, senza troppi giri di parole, il signor Carlo sarebbe disposto ad incontrarti, anzi, credimi, non sta nella pelle per la gioia di vederti. Pensa che più di una volta, nominando il tuo nome, i suoi occhi si sono fatti lucidi>.

<Sono stata molto crudele con lui> sentenziò Anna.

<Questo è garantito, ma ti assicuro che lui è ancora innamorato di te. Sono una donna, certe cose le percepisco>.

<Cosa mai dovrei dirgli, dopo tanti anni?> chiese Anna spazientita.

<Ma lo vuoi rivedere o no?>

<Sì voglio rivederlo!>

<Allora non devi far altro che lasciar parlare il tuo cuore, solo quello. Per il resto fidati di me> rispose felicissima la ragazza.

Anna si scoprì orgogliosa di sua figlia e si sorprese a maledire tutto il tempo sprecato a rincorrere la "bella vita", trascurando i suoi figli. Ma ormai tutto era inutile, quel tempo non sarebbe più tornato e lei avrebbe sempre convissuto con il rimorso.

Le due donne si alzarono e con calma si avviarono verso il parco, sul retro dell'edificio. La mattina era fresca, ma un tenue sole cominciava a emanare un piacevole tepore.

<Allora mamma, come ti trovi qui?> chiese Sara.

<Diciamo che in questo posto non corro il rischio continuo di ricadere nel vizio, questo è già un aspetto molto positivo. Certo, la notte è dura, la notte è la cosa peggiore> Anna si interruppe di colpo.

<Ma gli hai detto anche che...?>

<Sì mamma, ho voluto farlo, di proposito, non sarebbe stato onesto tacere questo particolare> rispose Sara. Nel frattempo arrivarono alla fontana, luogo di meditazione preferito di Anna.

Le due donne rimasero un attimo in silenzio osservando i pesci rossi che sparivano e ricomparivano tra i sassi e la vegetazione del fondale. Fu la figlia a rompere il silenzio.

<Mamma, devo andare, sono già in ritardo, organizzo tutto io, tu non preoccuparti di nulla. Se non di prepararti al meglio per l'incontro>.

<Non sarà facile, ma conto sul tuo aiuto>.

<Non preoccuparti mamma, io sarò al tuo fianco. Sempre>.

Gli occhi di Anna si riempirono di lacrime e di vergogna: lei al fianco della figlia non c'era mai stata!

<Ti voglio bene> riuscì a dire.

<Anch'io ti voglio bene mamma. Andrà tutto alla grande, non preoccuparti>.

<Bene ragazzo, sono felice per te, la cosa migliore è fare in fretta. Come si dice? Il ferro va battuto quando è caldo> disse Max dopo che Carlo, ricevuta la telefonata di Sara si precipitò nel suo locale con la grande notizia.

<Siamo d'accordo per sabato. A qualunque ora del mattino o del pomeriggio, Sara ci aspetterà nel parcheggio della clinica, sarà lei ad accompagnarci da Anna. A me sembra ottimo: tu cosa dici?>

Massimo ci pensò un momento.

<Sembra perfetto anche a me, abbiamo tutto

il tempo di organizzarci al meglio>.

Sai Max, prima di concludere la conversazione con Sara, le ho chiesto se a suo modo di vedere è contenta di incontrarmi. Così, giusto per tranquillizzarmi un po'>.

<Cosa ti ha risposto?> chiese Max incuriosito.

<Mi ha risposto che Anna vive nel rimorso per aver trascurato i figli, ma che il suo cruccio più grande è quello di aver rifiutato il mio amore, finendo per far tacere il suo cuore affogandolo nell'alcol>.

Carlo sorrise. Era commosso.

<Poi ha aggiunto che quando parlano di me sorride, come non l'ha mai vista fare prima>.

Il barista lo osservava, quasi non ascoltava le sue parole, era troppo incantato dall'energia che sprigionava in quel momento Carlo.

<Erano secoli che non lo vedevo così entusiasta, non sembra più la stessa persona di qualche giorno fa> pensò Max sinceramente felice per lui.

La giornata di giovedì scivolò via tranquilla come le acque di un fiume. Carlo lavorò come sempre, l'unica novità era che a differenza di prima, ora l'uomo controllava in continuazione il cellulare: temeva cattive notizie che fortunatamente non arrivarono.

<Nessuna nuova, buona nuova> pensò

l'uomo intascando il telefono.

Venerdì mattina, Sara chiamò per la conferma definitiva: Carlo le disse che sarebbero arrivati in mattinata. Aveva una certa fretta. Dopo di che si salutarono con un promettente "a domani."

Quel giorno Carlo lavorò mezza giornata, si riservò il pomeriggio libero: aveva bisogno di rilassarsi, pensare, leggere... di starsene un po' in santa pace.

A mezzo giorno smesso il lavoro, inforcò la sua potente bicicletta e si recò al bar di Max per un panino e due chiacchiere.

Mentre addentava il panino il suo amico gli illustrò il programma del giorno.

<Partiamo presto, facciamo la strada con calma, ci fermiamo da qualche parte per un caffè, naturalmente andiamo con la mia macchina, visto che tu non ami guidare>.

<Ti ringrazio Max, sei un vero amico> rispose Carlo.

<Senti ragazzo> proseguì Max, fattosi improvvisamente serio <da anni non ti vedevo in questo stato di grazia. Sembri tornato quello che insaccava ogni pallone. Io non sono molto intelligente, ma una cosa l'ho capita grazie al ritorno di quel libro: lei è l'unica donna della tua vita, avresti potuto averne tante altre, solo per lei sei tornato a vivere, grazie a lei ti rivedo felice. Per-

ciò amico mio non mollare, vai e riportala in questo buco di paese. Dammi retta, ragazzo!>

Massimo non riuscì a nascondere la commozione mentre parlava all'amico, ma sapeva di dire cose vere, conosceva troppo bene Carlo!

<Ce la metterò tutta, ci puoi contare>. Il barista diede una gran pacca sulla spalla di Carlo, si schiarì la gola quasi a voler allontanare l'imbarazzo del momento e disse: <Ti preparo un bel caffè, poi non voglio più vederti fino a domattina, chiaro?> proclamò ad alta voce.

Tornato a casa, spalancò tutte le ante, la giornata era magnifica, l'aria era frizzante, ottima per arieggiare le stanze. Fece il giro di tutta la casa immaginando come avrebbe potuto essere con Anna sotto quel tetto. Mise un po' in ordine, accese la lavatrice poi uscì in giardino, si guardò attorno e decise che c'era qualche lavoretto da fare. Si armò di cesoia e cominciò a sistemare un cespuglio, tagliò qualche ramo, strappò dell'erbaccia e quando fu soddisfatto del lavoro fatto, si ritrovò con due sacchi pieni da portare alla discarica. Tornò dall'isola ecologica che il sole stava ormai tramontando, tutto quel lavoro gli aveva messo un certo appetito, mangiò una brioches in attesa dell'ora di cena. Consumò il pasto serale davanti alla tv, cosa che non faceva mai, seguì il telegiornale, senza troppo interesse per la verità, poi fece la doccia e si preparò il caffè.

Carlo era perfettamente conscio che quella notte non avrebbe dormito: troppa agitazione. Quindi decise che avrebbe fatto quattro passi nel tentativo di conciliare il sonno. Camminando cercò di immaginare il suo incontro con Anna, l'avrebbe riconosciuta? In fondo trent'anni sono un sacco di tempo, a pensarci bene, non era per niente sicuro di ricordare la sua figura.

L'unica cosa certa era la sua bellezza: sì, era bellissima! Questo lo rammentava alla perfezione. Distratto dai suoi pensieri non si accorse che stava passando di fianco al campo di calcio, che in quel momento ospitava l'allenamento della squadra femminile del paese. L'allegro cicaleccio delle giovani atlete che si riscaldavano i muscoli, riportò Carlo alla realtà, decise di sedersi sui gradini degli spettatori per seguire l'allenamento: tanto aveva tutto il tempo che voleva.

Le ragazze, disposte in cerchio, eseguivano esercizi di potenziamento muscolare mentre il loro Mister, dopo aver riportato il silenzio, spiegava loro la tattica che avrebbero usato nella prossima partita e le caratteristiche principali della squadra avversaria.

Carlo ascoltò attentamente la lezione del Mister, che parlava con disinvoltura di gol fatti e gol subiti, di palla coperta e palla scoperta, di marcature e calci d'angolo e soprattutto invitava le sue ragazze a una maggiore grinta in campo.

Come per incanto, la sua memoria volò ai tempi in cui, al posto di quelle giovani c'era lui, quando era lui a fingere di ascoltare l'allenatore.

Gli scappò un sorriso, pensando a quanta passione aveva profuso per quello sport, a tutte le botte che aveva pigliato dai difensori che, frustrati, non riuscivano a contenere le sue sgroppate.

Sissignori, quando partiva lui, per le difese avversarie erano tempi duri!

Un fischio improvviso spezzò il filo dei suoi pensieri, era il Mister che, presa posizione davanti all'area di rigore annunciava alla squadra una serie di tiri in porta.

Carlo notò un tipo (probabilmente il vice del Mister) magro e pelato che, sbuffando e brontolando, correva a destra e a manca per recuperare i palloni che le imprecise ragazze sparavano in ogni dove.

Dopo una breve partitella, nella quale il pelato si distinse per certi numeri da vero fuoriclasse, l'allenamento terminò e lui rimase seduto al suo posto fino a che non si spensero i riflettori, quindi si alzò e si incamminò lentamente verso casa.

Provò a guardare la televisione, ma non gli fu possibile concentrarsi su nessun programma.

Spense la tv e dallo scaffale recuperò il libro

che diede inizio a tutta la storia, e che forse avrebbe ridato un senso alla sua esistenza.

Si distese sul letto e rilesse per la milionesima volta le frasi vergate a penna, quindi si preparò ad attendere, sveglio, il sabato mattina.

Dopo un' infinita nottata, sabato mattina arrivò e prima delle sette, Carlo varcò la soglia del bar.

Max stava impartendo ordini e raccomandazioni al figlio e alla moglie. L'amico si sedette tranquillamente ad un tavolo e attese che si accorgesse di lui.

<Buon giorno ragazzo> squillò Max quando lo vide.

<Intanto dai un' occhiata al giornale, è appena arrivato, puzza ancora d'inchiostro> così dicendo, lanciò il quotidiano nella sua direzione, mancandolo di due metri buoni. Carlo dovette alzarsi per andare a recuperarlo.

<Bellissima giornata oggi, un po' fresca, ma in cielo non c'è una nuvola>.

<Non me ne frega niente del tempo> rispose brusco Max.

<Ricordati quello che dobbiamo fare, ragazzo, non perdiamo tempo a stabilire se ci sarà il sole oppure no>. Carlo capì che il suo amico era felice ed eccitato per la giornata che li attendeva, erano anni che non passavano del tempo insieme. In cuor suo ringraziò Anna, in fondo il

merito di tutto questo era da attribuire a lei, pensò aprendo il giornale. Non aveva molta voglia di leggere, diede una rapida occhiata ai titoli della pagina sportiva e richiuse il giornale.

Non appena Max ebbe finito di organizzare la giornata dei suoi cari, preparò due caffè e con una tazzina per mano si sedette al tavolo di Carlo.

<Ieri sera ho controllato la macchina, tutto in ordine> disse spingendo il caffè davanti al suo amico.

<Comunque vadano le cose, quando sarà tutto finito, tu e Angela sarete miei ospiti in un ristorante stellato: ve lo devo! Questo è molto di più!> promise Carlo con riconoscenza.

<Ci mancherebbe che non ci offrissi una bella cena, pensaci ragazzo, io, te, Angela e Anna al ristorante, tutti insieme, sembrerebbe incredibile, ma sono certo che sarà realtà. Ma basta chiacchiere: finisci il tuo caffè. È ora di partire>.

Massimo era sempre più eccitato, in macchina volle ripassare l'intero programma, quasi si trattasse di una manovra militare o di un'operazione di polizia.

<Se continua così, va a finire che dobbiamo pure sincronizzare gli orologi> pensò Carlo divertito dalla gravità con cui l'amico aveva preso l'intera faccenda.

Anche lui, quando ci pensava sentiva la tensione in maniera drammatica, ma davanti a loro c'era la lunga striscia di asfalto da percorrere e per ora aveva voglia di godersi il panorama che gli scorreva di fianco. Al resto avrebbe pensato a tempo debito.

Anche Anna, quella notte, non chiuse occhio, ma questa volta era per un motivo diverso dal solito, non pensava ad altro che agli avvenimenti degli ultimi giorni e a quello che sarebbe accaduto di lì a poche ore.

Era timorosa, avrebbe voluto mandare tutto all'aria, ma subito si pentiva e non desiderava altro che rivederlo.

Dentro di lei regnava la confusione più totale, sapeva fin troppo bene che quella era l'ultima occasione concessale dalla vita per rimettersi in gioco.

Ringraziò Dio, per averle regalato una figlia come Sara, ragazza molto saggia, matura e determinata, proprio quello che ci voleva per una persona debole come lei.

Anna scese dal letto e a piedi nudi andò alla finestra, fuori il mondo era ancora immerso nel buio, il cielo era stellato.

Si soffermò per qualche minuto a naso in su, a contemplare quella meraviglia.

Si accorse di avere freddo, saltellò intorno al letto e prese la vestaglia dalla sedia accanto al comodino. Indossò l'indumento legando bene stretto il cordone alla vita.

Poi un dubbio atroce si impossessò di lei, avrebbe visto Carlo quella mattina?

Decise di andare in bagno. Davanti allo specchio, la figura che le si presentò non era per niente di suo gradimento. Avrebbe voluto giungere al momento cruciale in piena forma, ma l'obbiettivo era molto, molto lontano, colpa di quelle maledette occhiaie, di quel colorito giallastro, di tutte quelle rughe, ma ciò che la scoraggiò maggiormente fu lo sguardo. I suoi occhi avevano perso la vivacità di un tempo, quando era sufficiente un'occhiata per conquistare chiunque. Adesso quegli stessi occhi erano stanchi, spenti e tristi: erano l'immagine della sconfitta.

Le poco edificanti scene delle sue serate mondane, si affacciavano al balcone della sua memoria, feste dove tutto era permesso, piene di gente che sapeva solo parlare di denaro, si vergognò, pensando che anche lei era stata così e che per quella vita aveva gettato il vero e unico amore alle ortiche.

Si rivide sguazzare in quel mondo, con il suo compagno più fedele: il bicchiere. Si rivide finire sempre nello stesso posto: in un bagno a vomitare. Aveva ancora la nausea, al solo ricordo. Decise di reagire.

<Farò una bella doccia> pensò, <poi con

l'aiuto di Sara cercherò di farmi bella, non come un tempo, ma farò il possibile>.

Sara arrivò, il sole era alto nel cielo e Anna si fece trovare seduta sul letto, con l'aria poco convinta di chi sa di non potercela fare.

<Ciao mamma, che succede? Sembri destinata al patibolo> la salutò Sara, sorridendo e prendendo posto accanto alla madre.

<Guardami Sara, assomiglio ad un mostro, che speranza posso avere?> si lamentò la donna, fissando il pavimento.

<Ti prego, mamma, non cominciare a crogiolarti con le tue paure, sei quello che sei. Adesso con molta calma ci prepariamo, il tempo non ci manca e intanto possiamo fare due chiacchiere>.

La ragazza andò in bagno a rovistare dentro l'armadietto a specchio, ma non trovò nulla di ciò che cercava.

<Mamma, dove li tieni i trucchi?>

<Quali trucchi? Da anni non mi trucco più, al massimo avrò una crema idratante per la pelle, ma non ne sono così sicura>.

Sara spalancò l'anta destra e in effetti trovò un vecchio flacone impolverato, che, una volta aperto, rivelò uno spesso strato giallognolo, marmorizzato, sovrastante una granulosa poltiglia, pure giallognola.

<Ahimè, siamo proprio messe male, ma for-

se è meglio così, niente artifici, tutto dev'essere di una naturalezza estrema. Come si usa dire? Niente trucco niente inganno!> sentenziò, fiduciosa, Sara.

<Già, niente trucco, niente inganno> ripetè Anna, non altrettanto fiduciosa.

<Non preoccuparti, ora svuoto la mia borsa sul letto, vedrai che qualcosa salterà fuori!>

Ribaltò la borsetta e il contenuto si sparse sul letto. La ragazza cominciò a rovistare tra agendine, chiavi, matite per occhi, rossetti. Contrariamente alle attese della madre, Sara afferrò il cellulare, lo sollevò in alto e annunciò trionfalmente: <Tatataaa, trovato! Ecco quello che serve!>

Anna guardò la figlia con aria sbigottita.

<Cosa vorresti fare? Chiamare un'estetista?>

<Ma quale estetista?> ribatté Sara divertendosi un mondo a tenere la mamma nel dubbio.

Senza aggiungere nulla, incominciò a cercare un numero in rubrica.

<Ecco fatto! Trovato!>concluse, poi premette l'icona della cornetta, appoggiò il telefono all'orecchio…passarono pochi secondi…

<Sì, pronto, ciao….sì, sì, ora te la passo…>

Sara guardò la mamma con un sorriso felice e un po' birichino, le si avvicinò, porgendole il telefono.

<E' per te>.

Anna scattò, tentò di retrocedere, nascondendo le mani dietro la schiena, proprio come fanno i bambini, ma la figlia, non ammettendo capricci, la fulminò con uno sguardo che lanciava saette, quindi le agitò il cellulare sotto il naso.

<Prendi, è per te!>

Glielo ordinò, con una durezza che indusse la madre alla resa. Si rassegnò e, sia pure con una certa titubanza, si portò il telefono all'orecchio.

< Sì? P…Pro…Pronto?>

<Anna? Sei proprio tu?…Oddio come sono felice di sentire la tua voce dopo tanti anni…

<Scusi m…ma lei chi è? Io…n…non la conosco…>.

La donna interrogò sua figlia con lo sguardo, mentre Sara se la rideva di gusto, in attesa del momento in cui avrebbe riconosciuto la persona dall'altra parte.

<Non mi riconosci? Dai 'Grissino'! Fai uno sforzo! Chi ti chiamava così, rosa dall'invidia per la tua linea?>

Anna capì. Sara ne ebbe la certezza vedendo gli occhi della madre riempirsi di lacrime di gioia.

<Ma sei tu! Tu, soltanto tu Angela mi chiamavi così! La mia unica amica…Angela!>

<Esatto 'Grissino'! Solo io potevo chiamarti così!>

Anna faticò ad arginare l'ondata dei ricordi

che la stavano travolgendo. Il cuore le batteva all'impazzata. Con uno sforzo tremendo riuscì a mantenere un certo controllo.

<Angela, come stai?>

<Come sto? Diciamo che sono sopravvissuta al quel rompipalle di mio marito Max, te lo ricordi, vero?>

<Sì, me lo ricordo, mi ricordo di tutti voi. Vi ho pensato molto spesso, soprattutto negli ultimi tempi> ammise Anna con molta umiltà.

<Senti 'Grissino'> riprese Angela <purtroppo non posso trattenermi molto, sono sola nel bar e sta arrivando gente, tuttavia due cose te le voglio dire, in attesa di poterti parlare di persona. La prima è questa: abbiamo conosciuto tua figlia Sara. Ebbene, sappi che devi essere orgogliosa di lei. La seconda cosa è: non fare scherzi, torna da noi, senza se e senza ma. Anna, qui ti stiamo aspettando, va bene?>

Anna non resse alla commozione e all'emozione. Scoppiò a piangere, senza più trovare le parole per rispondere. Passò il telefono bagnato di lacrime alla figlia, la quale si incaricò di ringraziare e salutare Angela.

Chiusa la conversazione, Sara, provò a riportare un briciolo di leggerezza in quella atmosfera, troppo carica di emozioni contrastanti.

<Su, 'Grissino' è tempo di cominciare a prepararsi. Ma...non è più tempo per mantenere le

promesse: io non ho nessuna voglia di rispettare il silenzio chiestomi da Angela>.

<Quale silenzio? Cosa mi nascondi, Sara?>

<Sai mamma, devi sapere che, all'insaputa di tutti, Carlo compreso, Max sta organizzando un grande ricevimento, per festeggiare il tuo ritorno a Pompiano. Dimmi tu, se non sono persone meravigliose!>

Anna, che forse in quel momento si vergognò più che mai del comportamento tenuto in passato, non rispose. Sarà capì, fu svelta nel cambiare discorso.

<Bene, ora mi occuperò del tuo look, farai un figurone!>

Prese tra le mani il viso della madre, lo spostò a destra e a sinistra, studiando le diverse prospettive.

<Allora…vediamo cosa posso fare per questo bel faccino…Sì, un po' di matita intorno agli occhi…e poi potremmo stendere un tocco di rossetto, tanto per ravvivare un po'? Che ne dici, ma'? Ti piace il colore di questo che ho in borsa? Ecco, ferma! Intanto, parlami di Angela, voglio dire, di voi quando eravate amiche…>.

Anna si fece pensierosa, tacque un lungo momento, poi cominciò a raccontare, quasi a bassa voce…

<Povera ragazza, non dev'essere stato facile per lei essere la migliore amica della 'più bella

del paese'> proclamò alzando in aria il dito indice e medio delle due mani per sottolineare il virgolettato.

<No, non ha avuto vita facile accanto a me, io ero la regina incontrastata in ogni situazione, tutti cercavano me. Serviva un parere? Chiedevano il mio. Qualche festa da organizzare o regalo da acquistare? Si rivolgevano a me. I ragazzi poi…be', quelli non andavano tanto per il sottile, non si preoccupavano certo di non offendere la sensibilità della mia amica. Lei era sempre accanto a me, ma loro non la vedevano nemmeno, parlavano con me e Angela era invisibile>.

La donna smise di parlare, chiese a Sara di interrompere un attimo il lavoro con la spugnetta della cipria, si grattò il naso, pensierosa, poi proseguì: <Non so, forse anch'io ho le mie colpe. Ci ho pensato tante volte, ma…tutto questo mi procurava un sottile piacere, godevo nel sentirmi il numero uno. Proprio una gran bella amica sono stata!>

<Ma lei? Non diceva niente? Non si sfogava per questa ingiustizia?> domandò Sara, pensando dentro di sé che una situazione del genere non l'avrebbe accettata mai!

<Lei, sempre al suo posto, mai una parola, un gesto di invidia, un broncio, accettava e, ora posso dire, subiva, tutto in silenzio. Adesso che

ci penso, forse il soprannome che mi ha affibbiato 'Grissino', lo ha inventato per una sorta di protesta nei miei confronti. Non saprei…In qualsiasi caso fu la prima e probabilmente l'unica ad accorgersi del mio cambiamento, pochi mesi dopo l'inizio del liceo in città, quello fu il principio…della fine. Come andarono le cose dopo, be', lo sai già!>

<Sì > rispose Sara <come andarono le cose, lo so già>.

La ragazza invitò Anna a giudicare il lavoro di make up, porgendole uno specchietto.

<Wow! Sei uno schianto!>

La mamma si alzò e, senza piangere, abbracciò con tenerezza e disperazione la figlia.

<Mamma!> riuscì solo a pronunciare Sara, lei invece, con le lacrime agli occhi.

Parlò il silenzio al suo posto. Poi si avviò verso la porta.

<Devo andare! Carlo sarà già arrivato. Mi raccomando…se ti dovesse chiedere di tornare a casa con lui, non esitare!>

Madre e figlia si separarono.

Sara corse incontro a Carlo. Anna tornò a sdraiarsi sul letto, macerandosi nei dubbi e nelle paure. Poi, molto lentamente, si alzò e si incamminò verso il luogo convenuto per l'incontro.

Grazie alle precise indicazioni di Sara fu molto semplice imboccare la stretta strada che snodandosi tra gli ulivi portava al luogo dell'incontro.

Lo spazio adibito a parcheggio davanti alla clinica era cosparso di ghiaia, praticamente il nastro d'asfalto della stradina moriva all'improvviso in un mare di sassolini. Ignari di questo particolare i due amici, arrivando a velocità troppo elevata, per il terreno rischiarono seriamente di finire la loro corsa contro uno dei grossi alberi che ombreggiavano i posti macchina.

<Cominciamo bene> pensò Carlo spaventato dal poco glorioso esordio alla clinica.

<Oh, ragazzo, abbiamo sollevato un bel polverone, guarda che roba> disse Max, non sapendo bene se ridere oppure no.

<Te lo dico sempre di andare più piano: guarda che casino di polvere>.

<Cosa ne sapevo io che ci saremmo trovati in mezzo a tutti questi sassi? Dai ragazzo: scendi, andiamo a dare un'occhiata in giro!>

I due si avvicinarono al cancello aperto, guardarono dentro e videro un parco rigoglioso e immenso, adorno di alberi, cespugli di ogni tipo ed aiuole curatissime.

<Siamo quasi in primavera> disse Carlo.

<Tra un mese, quando la natura si sarà risvegliata, questo posto sarà una meraviglia>. Un lungo viale portava dal cancello fino all'ingresso di una struttura avveniristica, tempestata da centinaia di vetrate azzurre.

Dal viale partivano sia da destra che da sinistra, una serie di sentieri che si addentravano nel cuore di quel gigantesco spazio verde.

I due amici non ebbero dubbi sul fatto che mai avrebbero potuto permettersi un periodo di cura in un posto simile.

<Visto che roba?> domandò Max.

<Già, a quanto pare, il suo ex marito non ha badato a spese, speriamo che non siano bravi solo a mostrare il lusso, ma che sappiano anche curare le persone> rispose Carlo. Rimasero ancora un po' a curiosare in giro, fino a quando non si accorsero che tre figure in camice bianco, ferme sulla scalinata d'ingresso stavano guardando nella loro direzione. Per non destare inutili sospetti, Max e Carlo decisero di fare dietro front, ma fatti pochi metri sentirono la voce di Sara che li chiamava, si voltarono e videro la ragazza che li stava raggiungendo.

<Ci siamo> pensò Carlo terrorizzato. Il barista notando il cambiamento di espressione dell'amico gli mise una mano sulla spalla.

<Come ti senti, ragazzo?> chiese.

<Ho una gran voglia di scappare a casa, sono

pieno di dubbi e di paure, mi chiedo di continuo perché sia capitato tutto questo. Mi ha cercato è vero, ma dopo essere stata abbandonata da tutti… non mi sembra giusto!>

Finalmente Carlo riuscì a manifestare le sue ansie, Max fu molto grato all'amico per essersi confidato con lui.

<Forse hai ragione, ragazzo>.

Sara si stava avvicinando, e Max abbassò il tono della voce e con la sua manona strinse la spalla di Carlo.

<Ma se ha pensato a te significa che non ti ha mai dimenticato. Ricorda che quando se ne andò, non aveva ancora vent'anni, sai meglio di me che a quell'età si fanno un sacco di cazzate>.

Carlo tacque un paio di secondi, poi disse: <Vorrei ricordarti che anch'io ho avuto vent'anni, ma non sono mai scappato>.

Nel frattempo Sara li raggiunse, man mano che si avvicinava capì che la discussione tra i due uomini era molto seria, decise quindi di tacere.

Max guardò la ragazza, le strizzò un occhio per tranquillizzarla e proseguì nella sua opera di persuasione, questa volta alzando i toni: <Cazzo, ma perché non ragioni? Ma ti ricordi com'era Anna trent'anni fa? Era la ragazza più bella del mondo. Aveva l'intero universo nella

mano. Poteva scegliere il suo destino, non come noi, ma è così deplorevole il fatto che abbia scelto di andarsene da Pompiano? Di migliorare la sua vita? Pensaci. E smettila di preoccuparti, il passato non conta più. Quel che conta ora è che lei è qui, a pochi metri da te, ti sta aspettando. Aspetta te, non me o una delle persone che ha conosciuto in giro per il mondo. Aspetta te, zuccone!>

Lo zuccone chinò il capo, sembrava pentito dei suoi dubbi, fu a questo punto che parlò Sara.

<Hai capito Carlo?> gli disse prendendogli la mano e cosa che non sfuggì allo zuccone, dandogli del tu. <Non devi sentirti obbligato a fare cose che non vuoi, mamma ti ha cercato e desidererebbe poter tornare indietro, ma sa, come lo so io, che ti ha fatto tanto male in passato. Per cui ti ripeto, decidi liberamente e alla fine, qualunque sia la tua decisione, sarà quella più giusta>.

<Vi ringrazio di cuore, amici>.

<Ora basta!> sbuffò Massimo. <Vogliamo passare l'intera giornata in mezzo a questo viale? Su ragazzo, ora trascina la tua carcassa fino a quell'edificio, c'è qualcuno che ti aspetta! E basta piagnistei da femminuccia>.

<Su venite, vi accompagno io>.

Percorsero una ventina di metri verso la struttura, poi Sara imboccò, seguita dai due amici, un sentiero alla sinistra del viale. Quando furono immersi nel verde di fine inverno la ragazza disse: <Ci sta aspettando sull'altro lato della clinica vicino al laghetto, pochi passi e siamo da lei>.

Camminarono per quasi dieci minuti, girando intorno alla clinica, nella vegetazione che lentamente stava tornando alla vita, dopo i rigori invernali.

Ognuno di loro era immerso nei propri ragionamenti. Quando Sara si arrestò, si avvicinò a Carlo e gli disse di proseguire da solo per qualche metro; lei e Max avrebbero atteso su una panchina che fiancheggiava il sentiero.

Lo zuccone obbedì senza storie, sembrava convinto, ma fatti due passi si impuntò a terra come un mulo capriccioso. A questo punto intervenne Max, con la sua mole, che lo spintonò senza troppi complimenti e Carlo fu costretto con "dolcezza" a coprire quei fatidici pochi metri.

Avanzò, con passo ancora più incerto, ma regolare, mentre Sara e Max lo seguirono con lo sguardo. Alla fine del sentiero l'uomo si trovò in un grosso spiazzo con al centro una fontana immersa in un laghetto artificiale.

Carlo, vide la donna. Era girata di spalle, sembrava incantata dal suono che produceva l'acqua zampillante. Il cuore di Carlo batteva come un martello, e lui spaventato, ma finalmente deciso, mosse nella direzione di quella figura immobile.

Si fermò a pochi passi da lei e con uno sforzo sovrumano riuscì a emettere uno strano suono che poteva sembrare un saluto: <Ciao Anna>.

Non meno spaventata di lui, Anna continuò per una manciata di secondi a osservare lo spettacolo che le offriva il laghetto, poi con calma, forse studiata, si girò.

Se lo vide davanti, a pochi centimetri da lei, si sentì morire, lui era lì, lo riconobbe subito, bellissimo, abbronzato e muscoloso, come se trent'anni per lui non fossero mai passati.

Anna sbiancò in volto, poi sorrise, poi di colpo il suo sguardo si intristì, dentro aveva un terremoto, non le fu possibile pronunciare una sola parola.

In quell'abisso di silenzio, Carlo ebbe modo di osservarla, il volto, costellato da qualche ruga di troppo, sembrava una maschera triste, espressione tipica delle persone sconfitte e senza speranza.

<Come stai Anna? Ti ricordi di me? Sono Carlo>.

Anna abbozzò ancora un sorriso, abbassò lo sguardo e con la voce incrinata dall'emozione disse: <Mi ricordo di te. Come potrei averti dimenticato?>

Queste parole resero Carlo ardimentoso e rammentando la frase che Anna gli dedicò tanti anni prima ("ricordati di osare sempre") con un rapido gesto le prese la mano e se la portò alla bocca.

Baciò quella mano fredda, se la portò alla guancia, lei rispose accarezzandolo, godendo di quel contatto che un milione di volte aveva rimpianto.

Nel frattempo Sara e Max, tradendo subdolamente i patti, se ne stavano ben nascosti dietro un grosso albero a spiare gli avvenimenti.

Osservando la scena con grande interesse, dandosi continuamente di gomito, fino a scambiarsi un rumoroso "cinque" quando videro la mano di lei accarezzare il volto di Carlo. Determinato a non perdere altro tempo, lui prese la donna per mano e la accompagnò ad una panchina, si sedettero.

Entrambi tremavano, Carlo parlò: <Senti Anna, so che sono passati tanti anni, so pure che nella tua vita sono accadute tante cose>. Carlo preferì stendere un velo di silenzio sui fatti che portarono Anna in quel luogo.

<E tu sai anche che la mia vita è ancora la stessa che facevo da ragazzo, solo l'età è cambiata. Conosciamo entrambi il motivo per cui decidesti di lasciarmi. Voglio essere sincero con te, se nella mia esistenza non fosse comparsa

Sara con quel libro io, ecco, io non ti pensavo più, ti avevo rimossa dal mio cuore. Non ho mai più desiderato come te nessun'altra donna, per me eri l'unica, sei l'unica. Ma ormai ti considero persa per sempre>.

La donna ascoltava con trepidazione.

<Quello che sto cercando di dire è che io non sono cambiato, sono la stessa persona: io sono ancora un contadino>.

Anna arrossì di colpo, ricordava perfettamente di aver pronunciato quella sciagurata frase "io non voglio essere la moglie di un contadino" e si sentì morire di vergogna.

<Non ti sto accusando di nulla> proseguì l'uomo notando il rossore sul viso di lei.

<Sia chiaro, tu hai fatto le tue scelte, giuste o sbagliate soltanto tu lo puoi sapere, ho solo fatto questa premessa perché vorrei chiederti una cosa>.

La donna alzò lo sguardo e si sforzò di sostenere quello di Carlo, i suoi occhi esprimevano speranza, quelli di lui determinazione. Sentì che era il suo turno di parlare, respirò profondamente e si guardò attorno, quasi a cercare il conforto della presenza di sua figlia, ma vide solo la vegetazione.

<So di averti fatto tanto male> esordì dopo aver portato lo sguardo su di lui <ma credimi, quello che ho fatto a te, l'ho fatto a me stessa,

mi ero illusa che il denaro potesse comprare tutto, comprese le coscienze, ma ho imparato quasi subito, a mie spese, che non ci sono coscienze in vendita. Ti garantisco che la mia, il suo dovere l'ha fatto fino in fondo, logorandomi l'anima giorno dopo giorno costringendomi a vivere con la triste compagnia del rimorso, del rimpianto. Nemmeno con l'alcol sono riuscita a farla tacere. Ed ecco dove sono finita>, disse indicando l'imponente edificio a qualche metro da loro.

<Io non ho mai smesso di pensarti, neanche nei giorni in cui mi sembrava di essere felice. Ho sbagliato tutto nella mia vita, tutti i miei errori sono figli della scelta di lasciarti. Porto ancora scolpito il ricordo della nostra unica e ultima notte: fu meraviglioso, anche se…> Anna si bloccò, rimase in silenzio a guardarsi le mani.

<Ti prego continua> la esortò Carlo <cosa stavi dicendo di quella notte?>

<Be', ti vidi gettare il mio regalo dal finestrino, capii il tuo gesto, ma mi fece molto male>.

<Ecco perché lo avevi tu: mi vedesti e andasti a recuperarlo!>

<Esattamente. Lo andai a prendere in fretta, sai, cominciava a piovere, rischiando pure di essere investita. Comunque negli anni successivi mi ha tenuto molta compagnia> disse con un sorriso timido.

Carlo decise che era giunto il momento di accantonare gli avvenimenti passati, ciò che gli premeva adesso era il futuro, non se la sentiva proprio di attendere oltre.

<Senti Anna> le disse prendendole la mano <non so come ci si comporta in certe situazioni, non so quali parole usare. Pronuncerò una frase molto semplice: Anna vuoi venire via con me? Sì, insomma, ho una casa molto grande. Sarebbe bello dividere tutto quello spazio con te>.

Gli occhi di lei si riempirono di lacrime, si portò le mani sul volto e si lasciò andare ad un pianto liberatorio. Anche Carlo era commosso, pure lui aveva gli occhi pieni di lacrime. Max e Sara invece, sempre ben imboscati, piangevano senza nessun ritegno.

<Credimi Carlo> rispose la donna asciugandosi gli occhi <credimi, verrei con te con tutto il cuore, anche adesso, in questo istante. Guardami. Guarda come mi sono ridotta: sono come uno straccio gettato nel fango, senza dignità, senza un futuro, se acconsentissi, vivrei sempre nel dubbio che tu mi abbia voluto per pietà>.

Il volto dell'uomo era tranquillo e sereno, non si perse d'animo. Questa volta non aveva nessun bisogno di cercare le parole: erano già lì pronte, dietro ai denti, provenienti direttamente dal cuore.

<Ti stai sbagliando. Ti ripeto ciò che ho det-

to poc'anzi: per me sei l'unica donna. O con te o con nessun'altra. Io ti amo ancora esattamente come quando eravamo ragazzi. Vedi, tu mi parli di pietà, sai cosa ti dico? Sei tu che dovresti avere pietà di me. Poco fa mi hai detto che la tua scelta di tanti anni fa ti causò dolore e tristezza, bene amica mia, ti chiedo di non ripetere quell'errore. Metti da parte ogni dubbio e guardati dentro, se senti qualcosa per me, se hai voglia di riprovare a vivere, Anna io sono qui, e sono io a chiederti di avere pietà>.

Le belle parole di Carlo, colpirono Anna come un cazzotto nello stomaco, il suo volto si distese sciogliendosi in un sorriso luminoso. Stringendo la mano dell'uomo gli comunicò, con semplice sincerità: <Nessuna pietà, voglio venire a casa tua, con tutta me stessa, lo voglio per amore, perché di amarti non ho mai smesso. Tu mi stai offrendo la possibilità di riscattarmi da tutti i fallimenti che ho collezionato nella mia vita. Coglierò questa occasione. Sono certa che con te vicino potrò diventare una persona migliore>.

La felicità si impadronì delle loro anime, che già pregustavano la fine di tanta sofferenza. L'uomo e la donna si fusero in uno strettissimo abbraccio, sotto gli occhi estasiati di Sara e Max che a quel punto non ritennero più necessario rimanere nell'ombra a spiare come due vecchi guardoni. Decisero di rubare ancora soltanto qualche attimo d'intimità agli amanti ritrovati.

<Sei sicuro di volermi con te?> sussurrò Anna.

<Sicuro come la Pasqua di Domenica> rispose Carlo.

<Bene. Allora c'è una cosa che voglio che tu sappia, una cosa che conosco solo io, un segreto che ho sempre custodito dentro al cuore. Ora mi sembra giunto il momento di condividerlo con te>.

Sara e Max, colti in contropiede dalle misteriose parole di Anna, si lanciarono sguardi preoccupati.

<Cazzo!> esclamò Max <che novità è questa?>

Sara, portando il dito indice alle labbra, gli fece cenno di chiudere la bocca, ma pure lei era molto sorpresa e preoccupata dalle parole di sua madre.

Dal canto suo Carlo, lasciò passare qualche istante, asciugò con infinita dolcezza le lacrime che non cessavano di scorrere sul volto dell'amata. Quindi ruppe il silenzio.

<Ti prego Anna, parla, ho sofferto le pene dell'inferno negli anni trascorsi senza di te, dimmi ciò che hai da dire e ripartiamo da zero, non tenermi sulle spine>.

Anna chiuse gli occhi, quasi volesse rivivere

certi attimi della sua brevissima vita insieme a Carlo. Parlò con estrema dolcezza, parlò con voce bassa, calda e innamorata.

La sua voce era così bassa che Max, sporgendosi sempre più in avanti nel vano tentativo di catturare quei sussurri, cadde miseramente e con gran fracasso sulla ghiaia, rovinando la magia del momento.

<Non ci badare> si affrettò a rassicurarla Carlo, lanciando un'occhiata inceneritrice al suo compare che giaceva vergognosamente al suolo, completamente impolverato.

<Ti prego, continua>.

Anna si rituffò nel passato.

<Ricordi la sera in cui me ne andai?>

<Come potrei averla dimenticata? Quella notte passai dal Paradiso all'inferno più nero nel breve volgere di qualche minuto>.

<Era una magnifica sera di ottobre> ricordò la donna <la mattina successiva sarei partita con l'uomo che sarebbe diventato mio marito>.

Anna afferrò la mano di Carlo e la strinse forte, quindi proseguì con risolutezza: <Alla partenza, a bordo di quella macchina stipata di valigie, non eravamo in due perché dentro di me era cominciata da poco un'altra vita. Non lo potevo sapere nemmeno io>.

Gli occhi di Carlo si illuminarono, credeva di aver capito, la confusione in lui era totale, non gli pareva possibile…eppure aveva sentito bene, sperava, non ci poteva credere…alla fine riuscì a biascicare due, tre parole: <Ma…allora…vuoi dire che…?>

Anna lo interruppe con un sorriso radioso, non le sembrava il caso di farlo soffrire ulteriormente: <Era stata una magica sera> aggiunse solo, con voce trasognata. Poi continuò: <sì, era la metà di ottobre… esattamente nove mesi più tardi, a metà luglio, diedi alla luce mio figlio, nostro figlio> e sottolineò quel "nostro" con tutto il sentimento che aveva nell'anima.

RINGRAZIAMENTI

Ringrazio di cuore Romana Brighenti, Gian Pietro Savoldi, Dario Bassini. Grazie ragazzi, vi devo molto.

Ringrazio Paola Cominotti per l'aiuto che mi ha dato.

Ringrazio anche tutte le persone che si sono complimentate con me, stimolandomi ad andare avanti.

Un grazie a Piero e Bruna, che sono i miei genitori.

Ah, e…un grazie anche a Simona, se no mi ammazza!!!

G.C.

INDICE

Nota sull'autore

Giuseppe Caravaggi è nato nel 1965 a Pompiano (BS).

Coniugato con Simona, è padre di Fabrizio, Francesco e Camilla.

Si occupa da oltre trent'anni di logistica, attualmente presso un'azienda operante nel settore lattiero caseario, sita in Asola (MN).

Svolge con estrema passione attività sportiva come allenatore di calcio di squadre giovanili.

Appassionato di letteratura italiana e straniera, *Una notte d'ottobre* è il suo romanzo d'esordio.